GABRIEL PERISSÉ

O *valor*
do professor

GABRIEL PERISSÉ

O *valor* *do professor*

autêntica

Copyright © 2011 Gabriel Perissé
Copyright © 2011 Autêntica Editora

Todos os direitos reservados pela Autêntica Editora. Nenhuma parte desta publicação poderá ser reproduzida, seja por meios mecânicos, eletrônicos, seja via cópia xerográfica, sem a autorização prévia da Editora.

EDITORA RESPONSÁVEL
Rejane Dias

PROJETO GRÁFICO DE CAPA
Diogo Droschi

PROJETO GRÁFICO DE MIOLO
Tales Leon de Marco
Diogo Droschi

REVISÃO
Ana Carolina Lins
Cecília Martins
Lira Córdova

DIAGRAMAÇÃO
Christiane Morais de Oliveira

Dados Internacionais de Catalogação na Publicação (CIP)
(Câmara Brasileira do Livro, SP, Brasil)

Perissé, Gabriel
 O valor do professor / Gabriel Perissé – Belo Horizonte: Autêntica Editora, 2011.

 Bibliografia
 ISBN 978-85-7526-559-8

 1. Professores – Formação profissional. 2. Pesquisa educacional 3. Psicologia educacional I.Título.

11-07961   CDD-371

Índices para catálogo sistemático:
1. Professores : Trabalho docente : Educação 371

GRUPO **AUTÊNTICA**

Belo Horizonte
Rua Carlos Turner, 420
Silveira . 31140-520
Belo Horizonte . MG
Tel.: (55 31) 3465 4500

São Paulo
Av. Paulista, 2.073, Conjunto Nacional, Horsa I
23º andar . Conj. 2310-2312 Cerqueira César
01311-940 São Paulo . SP
Tel.: (55 11) 3034 4468

www.grupoautentica.com.br

Aos professores e às professoras que me ajudaram a ver,
com suas palavras e atitudes, o valor de ensinar.

9	Apresentação
11	Os valores do professor
31	As qualidades do professor
49	As ideias do professor
63	Os sentimentos do professor
81	As leituras do professor
97	A linguagem do professor
113	O tempo do professor
129	A autoridade do professor
145	A avaliação do professor
163	A valorização do professor
179	Referências

Apresentação

As mais belas ideias sobre a educação, os mais comovidos elogios ao papel do ensino no desenvolvimento de um país, os sonhos mais generosos em que a escola aparece como espaço de verdadeiro aprendizado e crescimento humano, as utopias pedagógicas mais progressistas, tudo isso se transforma em fumaça que o vento desfaz em poucos instantes, se os professores não forem e não se sentirem valorizados.

A valorização da função docente é tarefa fundamental. Sempre foi. Tarefa inadiável e renovável. Pensemos uma vez mais em que consiste essa valorização. Ou essa revalorização. Conheçamos as razões pelas quais os professores são imprescindíveis na formação de um cidadão, de um profissional, de uma pessoa. Apresentemos argumentos com os quais nos convençamos mais profundamente de que a figura do professor ocupa lugar incomparável na vida de cada um de nós e na estrutura social.

Para valorizar os professores, teremos de relembrar o que há de valioso na arte de ensinar e quais são os talentos e qualidades necessários para uma boa atuação docente. Teremos de compreender os sentimentos próprios de um profissional dedicado a ensinar e educar. Teremos de aprender a ouvir os professores. Teremos de aprender a avaliar um professor. Teremos de saber o que esperar dos professores, tomando consciência, ao mesmo tempo, do que os professores esperam de nós. Teremos de saber em que condições os professores desempenham melhor a sua profissão. Teremos de aprender com os melhores professores os caminhos para formar professores ainda melhores.

Respeitar e admirar os professores. E exigir que eles exijam de nós. Que eles nos ensinem a aprender. Esperar que eles nos deem esperanças. Dizer aos professores que contamos com eles. E lhes dizer com todas as letras, e com ações concretas, que podem contar conosco. Essas são algumas das ambições deste livro. É como docente que escrevo, em diálogo com meus colegas de profissão e com todos aqueles que querem, de fato, valorizar os professores.

Gabriel Perissé

Os *valores do professor*

Valores... o que são e quanto valem?

Num elogio poético ao deserto do Saara, o escritor-aviador francês Antoine de Saint-Exupéry, em seu livro *Carta a um refém* (1944), refletia sobre as buscas humanas, sobre o que faz um ser humano não desistir da vida, mesmo quando tudo parece perdido. Sobre os valores que levam uma pessoa a lutar, apesar das dificuldades. Apesar da solidão e do tédio. Apesar dos desertos que precisa atravessar:

> Qualquer pessoa que tenha conhecido a vida no deserto do Saara, em que tudo, aparentemente, se resume a solidão e desamparo, recorda-se do tempo que lá tenha passado como o mais belo de sua existência.
> [...] Sem dúvida, o Saara só oferece, até onde a vista se perde, uma única coisa: areia e mais areia. Ou melhor, porque as dunas são raras por ali, um mar rochoso, no qual mergulhamos nas próprias condições do tédio permanente. E, contudo, divindades invisíveis constroem para nós uma rede de indicações, declives e sinais, uma musculatura secreta e viva. Já não vemos uniformidade. Tudo ganha sentido e relevo. Um silêncio já não se parece com outro silêncio.
> [...] Cada estrela designa um caminho verdadeiro. Todas se tornam estrelas dos Reis Magos. Todas levam ao seu próprio deus. [...] E como o deserto não oferece nenhuma riqueza palpável, como não há nada para ver nem ouvir no deserto, somos obrigados a reconhecer – já que a vida interior, longe de adormecer, sente-se

> fortalecida – que o homem se move principalmente por convites invisíveis. O homem é governado pelo Espírito. Eu valho, no deserto, aquilo que valem os meus deuses.

A frase é contundente: "Eu valho, no deserto, aquilo que valem os meus deuses". Os valores são convites invisíveis, impalpáveis, que recebemos ao longo da vida. Por mais desértico que nos pareça o mundo. Por mais vazia e sem sentido que nos pareça a existência. É dessa aparente falta de referências e verdades que emergem os valores.

Os convites existem para ser aceitos... ou recusados. Viver eticamente consiste em perceber os convites que nos são apresentados, ouvi-los, interpretá-los e, então, aceitá-los ou rejeitá-los. A identidade e o trajeto existencial de uma pessoa serão o resultado dessas opções.

Se queremos refletir sobre o valor do professor, é preciso identificar, antes de tudo, os valores que os professores aceitam e – permitam-me o duplo pleonasmo – valores que, valorizados pelos professores, conferem valor aos professores!

Quais são, afinal, os deuses dos professores que, adorados, transformam seus adoradores em pessoas com determinado perfil e encarregadas de realizar determinadas missões? Que milagres esses deuses podem fazer nos seus adoradores e na sociedade, pelas mãos de seus adoradores?

> Os valores nos fazem caminhar no deserto com determinação e coerência, abrindo caminho onde não há caminho.

Os valores são invisíveis, mas tornam visível a estatura humana e profissional de uma pessoa. Os valores se encontram implícitos nas frases que começam com a expressão "vale a pena...", concluídas de acordo com a realidade de cada um. Eu direi, por exemplo, que *vale a pena* acordar cedo para chegar cedo à escola e começar a aula em ponto. Ou que *valeu a pena* dedicar os sábados de um semestre a um curso que aperfeiçoou minha prática didática.

Na medida em que orientam e legitimam nosso esforço, os valores transformam a pena, o sacrifício, o cansaço e o desagrado em outras coisas, em realidades positivas. O cansaço é vencido pelo entusiasmo. A sensação desagradável é contrabalançada pelo prazer de cumprir um compromisso. A palavra "sacrifício" torna-se menos assustadora. Sacrificar os sábados ou algumas horas de sono assume caráter sagrado, conforme o próprio sentido etimológico de "sacrificar" – do latim *sacrificare*, palavra formada por *sacru* (sagrado) e *facere* (fazer).

Ao tornar sagrado um elemento da minha vida, em nome de determinado valor, sou contagiado por esse valor-deus e, por consequência, torno-me alguém objetiva e subjetivamente mais valorizado.

Os valores são incorpóreos, mas dão corpo às boas intenções. Corremos sempre o risco de ser bons no discurso, exigentes com aqueles que queremos educar ou liderar, mas, depois, negligentes na nossa ação pessoal. Os valores nos convidam a empregar braços, pernas, mãos, o corpo inteiro no cumprimento de nossos deveres, na luta para vencer inércias, preguiças e pretextos.

E o valor se faz carne para atuar e habitar entre nós... Os valores se fazem ossos, carne e músculos em nós. A encarnação dos valores nos define e nos fortalece. Os valores transformados em comportamento ético nos ajudam a resistir às pressões do trabalho, às inúmeras dificuldades do dia a dia profissional, aos empurrões da vida, às rasteiras injustas do cotidiano. Teremos forças para não sucumbir sob o peso das cobranças externas. Os valores nos dão ânimo para resistir.

Mas resistir, virtude que nos protege (virtude outra, que vem de braços dados com esta, é a obediência, que garante a ordem), constitui apenas um aspecto da travessia. O outro, complementar, consiste em ir adiante, em avançar contra o vento, nadar contra a corrente, pular ou contornar os obstáculos... Os valores nos fazem caminhar no deserto com determinação e coerência, abrindo caminho onde não há caminho.

Valores valorizados

Os professores tendem a ser conservadores, e não há o menor traço de desprezo ou crítica nessa minha afirmação. Nós, professores, estamos preocupados, queremos que tudo corra dentro dos "conformes". Nossos deuses são conservadores, e por isso nós também o somos.

Somos conservadores porque falamos em rotinas, em parâmetros e diretrizes, porque trabalhamos com programas e planejamentos, porque avaliamos, julgamos, porque elogiamos quem realiza as tarefas, premiamos quem faz a lição de casa e segue as normas, porque esperamos que os acordos sejam respeitados e porque, enfim, ficamos satisfeitos quando todos contribuem para o bom andamento dos processos.

Os valores nos conservam numa certa direção, hierarquizam as obrigações, organizam nossos gestos. Aceitos e assumidos, os valores passam a ser aquisição existencial, e poderei chamá-los agora de virtudes, habilidades, destrezas ou capacidades.

Marca registrada do comportamento ordeiro, uma dessas virtudes ou destrezas é a pontualidade. A pontualidade não é só questão de eficiência e competência. Na mentalidade conservadora, pontualidade é capacidade pequena, porém com grande presença no campo da moralidade. Pontualidade é a capacidade constante de lidar com o tempo a favor dos compromissos assumidos. O coração do pontual bate em consonância com o pulsar dos minutos e segundos.

Os moralistas são implacáveis quando se referem à pontualidade. Para eles (e para muitos de nós), ser pontual, na prática, chova ou faça sol, é demonstrar fidelidade ao compromisso assumido, respeito pelas demais pessoas, mas também firmeza moral e caráter. Mariano José Pereira da Fonseca (1773-1848), o Marquês de Maricá, escreveu em seu livro *Máximas, pensamentos e reflexões* algumas frases fortíssimas (e até mesmo antipáticas!) sobre o tema:

> 3177 - Exatidão e pontualidade são distintivos da probidade.
>
> 3553 - Não espereis moralidade em quem não tem pontualidade.
>
> 3666 - A nação mais moral e ilustrada é aquela em que os homens se distinguem, especialmente, pela sua exatidão e pontualidade em tempo, lugar, palavra, serviço e contas.
>
> 3730 - Distinguem-se os homens de bem pela sua escrupulosa pontualidade, e os velhacos pela sua escandalosa inexatidão.

A pontualidade é apenas um exemplo, que serve, no entanto, para refletirmos sobre uma cilada psicológica na qual podem cair com muita facilidade aqueles que desejam e pretendem viver seus valores com maior radicalidade.

Acontece que essa radicalidade pode levar à obsessão. Se um valor em particular se torna obsessão, os outros valores serão obscurecidos e rebaixados. A pontualidade obsessiva pode esmagar o valor da tolerância, escorraçar o valor da flexibilidade, destruir o valor da compreensão. Poderá fazer outros tantos estragos. Por isso, precisamos valorizar os valores sem nos tornarmos *normalpatas*. Os normalpatas são tão corretos, tão normais (ou obcecados pelas normas!), que acabam enlouquecendo a si mesmos e aos outros. Enaltecer um valor acima dos (e contra os) outros valores ameaça o delicado equilíbrio da vida ética.

Supervalorizada, a pontualidade provoca desconcertos e transtornos. Os pontuais fanáticos reduzem a prática do bem a uma questão cronométrica, ao cumprimento dos prazos, à execução das tarefas. A pontualidade torna-se "a virtude dos chatos", como escreveu Evelyn Waugh em seu diário, embora ele próprio praticasse a proverbial pontualidade britânica. Aliás, somente os pontuais que riem da própria pontualidade, que olham a pontualidade com saudável ironia, darão a esse valor o devido valor. Os pontuais devem salvar-se da pontualidade imperativa, obcecada, destrutiva. Obcecar-se é ficar cego de uma cegueira "especialista". Essa cegueira faz enxergar uma só coisa. O pontual obsessivo só consegue ver um ponto no horizonte, o ponto da pontualidade. Mas o mundo é multipontuado.

Um autor brasileiro de autoajuda, famoso nas décadas 1960-1980, o médico e padre João Mohana, fez uma observação interessante sobre a pontualidade. Não se trata de algo com que determinados temperamentos devam se preocupar. Para certas pessoas, seria contraindicada. Chegar atrasado a alguns compromissos pode ser terapêutico para um rigorista. Salvá-lo do desequilíbrio moral. Na busca do que Mohana chamava de BED (Busca do Equilíbrio Dinâmico), a "mística da pontualidade" é menos útil em determinados casos, mas muito necessária em outros, quando nos deparamos com temperamentos do "deixa-disso", em que a calma é excessiva e a garra é limitada, temperamentos de baixa intensidade, com exagerada paciência:

> Pontualidade ao chegar. Pontualidade para concluir. Pontualidade para findar o papo. Pontualidade ao voltar da merenda. [...] A mística da pontualidade é o recurso pedagógico mais simples e mais eficiente. Levado a sério num ritmo vertebrado de trabalho, ágil e pronto.

Em outras palavras, a pontualidade (como todo valor) tem de ser temperada pelo bom bom-senso e pelo bom humor, dosada de acordo com os contextos, contrastada com outras exigências, ou então a vida valorizada perde toda a graça.

O valor de ensinar

A profissão docente possui um ingrediente que a aproxima das profissões baseadas no serviço abnegado, como a dos bombeiros e dos carteiros. O senso de dever está muito arraigado aqui.

Os bombeiros praticam a prontidão para salvar vidas. Não importa quem seja a pessoa a salvar. Deve ser salva. Não importa o momento, não importam as dificuldades. Os bombeiros sacrificam sua segurança física em arriscadas missões.

Por sua vez, os carteiros fazem os vivos se comunicarem, abrem mão do conforto de um escritório para cumprirem seu dever. Não importa quem sejam o remetente e o destinatário. Os carteiros fazem sacrifícios para que a correspondência chegue ao endereço certo.

Os professores lidam com a vida intelectual de seus alunos, mas não só isso. Na sala de aula entram em jogo outras questões ligadas ao crescimento humano dos estudantes. Esse é o valor mais valorizado pelo professor: ensinar os outros a serem mais humanos. Essa é a tarefa que mobiliza os professores. É a tarefa que *vale* a pena e torna a docência profissão valiosa e valorizável.

Os bombeiros se conectam com algo nobre: a vida de pessoas em situações de emergência. Os carteiros se conectam com algo nobre: a comunicação entre pessoas em situações de distância. Para nós, professores, o nobre é encurtar a distância entre alunos e conhecimento, mas, ao mesmo tempo, o ensinar inclui relacionamento com os alunos. E este relacionamento é mais duradouro do que o encontro urgente entre o bombeiro e a vítima, ou os encontros esporádicos entre o carteiro e o morador.

Conectando-se com o valor de ensinar, os professores se sentem profundamente comprometidos com um projeto humanizador da sociedade. O encontro entre eles e alunos é decisivo para que estes se sintam convidados a aprender e compreender, conhecer e conhecer-se, pensar e criticar, interpretar e inventar, conviver e trabalhar, etc. O valor de ensinar, além de ensinar conteúdos ou práticas, é um ensinar (ou insinuar) valores. O conhecimento de conteúdos está em jogo, certamente, mas também o está o conhecimento dos valores humanizadores que perpassam todo aprendizado.

O que mais desvaloriza e desmotiva um professor? E pode fazer com que adoeça de corpo e alma? Em primeiro lugar, não poder conectar-se com o valor de ensinar. Não perceber ao seu redor o clima favorável para exercer (como sonhou e concebeu) a sua profissão. Não ter condições de exercitar a profissão com a dignidade que é inerente a essa fundamental atividade. Uma notícia, dessas que escapam de vez em quando:

> O professor de história Carlos, 42, fala sozinho às vezes. Seu coração, conta, dispara sem motivo parente. "Não conseguia controlar os alunos. Queria passar o conteúdo, poucos me ouviam. Foi me dando uma angústia. Fiquei nervoso." Não era assim. "Eu era bem

> calmo", afirma, referindo-se ao período anterior a 2004, quando entrou como docente temporário na rede de ensino paulista. Aprovado um ano depois em concurso, foi considerado apto a dar aulas, na zona sul da capital. Passados três anos, obteve uma licença médica, que se renova até hoje, sob o diagnóstico de disforia, ansiedade, depressão e inquietude.[1]

O professor Carlos, no auge de sua vida, ingressando na maturidade produtiva, sente-se dramaticamente desconectado do valor de ensinar. Para ele, esse valor é inquestionável e deveria ser reconhecido como tal por alunos idealmente quietos, bem-comportados, sentados em fileiras, sempre atentos, cumpridores exatos de suas tarefas escolares, alunos ordeiros, respeitosos, estudantes interessados no conteúdo que o professor "queria passar", alunos obedientes, controlados pelo professor. Ora, perante a impossibilidade desse quadro, a frustração era mais do que previsível. E era uma questão de tempo.

Por outro lado, os professores se sentem emocionalmente gratificados quando se envolvem na tarefa valiosa de ensinar, que corresponde ao direito (e ao dever) que crianças e jovens têm de estudar. Se sentem valorizados quando sua tarefa é reconhecida, apesar de eventuais problemas de disciplina. Se sentem no caminho da realização pessoal quando correspondem às expectativas que as famílias e a sociedade têm com relação ao ensino formal. Os professores são extremamente sensíveis ao caráter moral do magistério e à dimensão social de sua profissão. Ensinar é participar do crescimento humano dos alunos. Isso é valioso e motivador. Gratifica.

É preciso lembrar, contudo, que essa gratificação moral e emocional não é a única na vida docente. Ainda que nos motivem por mais um semestre, por mais um ano... não podemos permitir que discursos sentimentais (em palestras motivacionais de qualidade questionável ou em livros de duvidosa feitura) relativizem a questão premente da gratificação financeira.

---

[1] "A cada dia, um professor se licencia por dois anos", reportagem de Fábio Takahashi (*Folha de S. Paulo*, 23 de maio de 2010).

Sobre salários devemos falar, insistindo num argumento que vale para qualquer profissão: remuneração justa e adequada expressa de modo cabal a valorização dos professores. O valor do dinheiro é um valor que valoriza o profissional. Não se justifica de nenhum modo dissociar a decisiva gratificação moral/emocional da não menos decisiva gratificação econômica. Uma e outra se complementam.

Um prefeito brasileiro, faz alguns anos, concedeu a si mesmo e a seus secretários um aumento de 250%, e, quando questionado sobre o caso (250% é muita generosidade, sem dúvida), respondeu que não pensara em seu salário, mas na responsabilidade que os secretários tinham. O aumento era compatível com o valor da função que aqueles servidores exerciam. Ficaria difícil, argumentou o político, atrair bons secretários para essa tarefa com a remuneração anterior...

A busca e o conhecimento dos valores

No deserto, valemos o que valem nossos valores, o que valem nossos deuses, nossas opções e convicções. Temos, portanto, de procurá-los. Conhecê-los e valorizá-los. Temos de escolher esses valores e nos unir a eles. Os valores têm sua própria realidade. Uma forma peculiar de existir. São invisíveis e intangíveis, mas nem por isso menos reais. Ou melhor, sua forma de realidade não é facilmente redutível aos esquemas que usamos para coisas domináveis. Por isso o mundo dos valores é intrigante. Os valores possuem força própria, e é essa força que desejamos conhecer. Os valores fazem convites silenciosos, e esses convites nos tiram da rotina. Intuímos sua presença. Não sabemos de onde vêm nem para onde vão. Contudo, estamos falando deles o tempo todo. E, neste exato momento, pensando neles.

> Viver a presença dos valores
> em nós nos faz ver melhor e ser melhores.

Sua presença não pode ser medida ou sopesada. Mas há modos de experimentá-la. Uma de suas epifanias ocorre na linguagem corrente. As palavras escondem e revelam o apelo dos valores. Devemos tirar a poeira das palavras. Desempoeirar palavras e descobrir, pela via poético-etimológica, os valores que esperam ser descobertos. A etimologia é um exercício de descobertas. O valor de ensinar, por exemplo, está oculto e evidente na própria palavra "ensinar":

> "Ensinar" vem de *insignare*, literalmente "colocar um signo", "colocar um exemplo". A base do termo é a raiz indo-europeia **sekw*, cujo significado é "seguir", de modo que *signum*, o principal formador de *insignare*, remete ao sentido de "sinal", "signo", "marca" que é preciso seguir para alcançar algo. O "signo" é, então, "o que se segue", e "ensinar" é colocar sinais para que outros possam orientar-se.

Em espanhol, *enseñar* é "mostrar". O valor de ensinar é o de orientar, nortear, deixando que o outro aprenda livremente, aprenda por conta própria. Que possa abrir caminho com os próprios passos. O meu melhor aluno é o que, depois de me ouvir, larga a minha mão mais rapidamente. O professor faz sinais, cria condições para uma experiência de ensino, mas o trabalho "ensinador" tem de ser complementado pelo trabalho "aprendedor" do aluno. Os professores trabalham com símbolos ensinantes. Os alunos leem esses símbolos, interpretam-nos, adotam-nos, aplicam-nos em sua vida. A linguagem docente é o grande recurso didático: as palavras que dizemos, as imagens que utilizamos para concretizar ideias, as alegorias que empregamos, as comparações que fazemos, as metáforas que criamos.

Descobrimos o valor de ensinar quando, no próprio ato de ensinar, percebemos que as palavras ensinam de fato, na medida em que os alunos as recebam de modo ativo. Os signos estão em movimento. Multiplicamos os sinais.

Os professores gostam de falar, experimentando nesse ato o valor da linguagem, que é o indicador por excelência das nossas aptidões para conhecer o mundo. Daí a necessidade de os professores se exercitarem na arte de falar e na de escrever. A invenção da palavra foi talvez mais decisiva do que a invenção do fogo e da roda. A palavra mesma é roda, faz a humanidade deslocar-se mais rapidamente, dar a volta ao mundo. A palavra mesma é fogo. O fogo transmite sinais. Sinais que iluminam e aquecem. Que sugerem caminhos. E reúnem as pessoas ao seu redor.

O verbo inglês *see* ("ver") está unido a essas considerações poético-etimológicas. Provém da mesma raiz *sekw. Quem aprende segue com os olhos. O professor faz sinais para que o aluno veja e interprete. O aluno lê para ver, seguindo no ar as palavras do professor, ouvindo no texto a palavra que ensina. Um dos sentidos para "ver", nos ambientes de estudo da Idade Média, era reconhecer a força de uma demonstração, de um ensinar.

Para conhecer os valores, devemos aprender a vê-los. Como desenvolver essa visão? Como alfabetizar-se nessa leitura?

Primeiramente, é necessário reconhecer que esses valores, possuidores de uma dinâmica peculiar, de vida própria, não possuem autonomia e independência tão absolutas a ponto de se tornarem inacessíveis. Os valores nos transcendem, são realidades objetivas, mas isso não significa que sejam estrelas longínquas num mundo ideal, luzes frias e mudas. Atribuir aos valores *status* metafísico, para além de nossos sentidos e de nossa inteligência, seria fatal. Aderir a valores tão exteriores e distantes seria alienar-se do cotidiano.

Uma definição oposta de valores nasce de uma postura subjetivista, na qual se considera que os critérios que definem os valores pertencem única e exclusivamente ao sujeito. Os deuses seríamos nós mesmos. Os valores como produção/construção unilateral do indivíduo, dependente, porém, de seu mutável estado de ânimo, valores confundidos com seus interesses e circunstâncias. Aderir a valores tão íntimos e próximos (e sujeitos a flutuações anímicas e contingenciais) seria reduzir-se aos próprios limites, fechar-se num tentador solipsismo, recusar-se a dialogar com as exigências inusitadas da realidade extramental, na qual os valores se manifestam... quando menos esperamos!

Ao encontro dos deuses

Os deuses têm iniciativas. Provocam nossa criatividade. Fazem convites inconvenientes em momentos inesperados. Questionam nossas passividades. Acordam-nos no meio dos nossos sonhos ou pesadelos. Põem em xeque nossos raciocínios. Propõem novos raciocínios. Não podemos controlá-los, delimitá-los, medi-los, colocar neles uma coleira, dissecá-los, alterar sua composição química. Mas eles se fazem compreender. São envolventes. Podemos ir ao seu encontro, para conhecê-los. Não vamos conhecê-los como quem analisa uma pedra. Como quem observa o comportamento de um inseto ou de um camundongo. Não podemos prender os valores em armadilhas metodológicas e registrar seu modo de ser, suas reações. Mas podemos dialogar com eles. E brincar com eles. Esse é o método. Lúdico e dialógico.

O método lúdico-dialógico tem seus riscos. Nunca há segurança absoluta de sucesso. Ou, como dizia Clarice Lispector, "o sucesso é uma mentira". Ou ainda, como disse o dramaturgo Antônio Abujamra a respeito de si mesmo: "Esteticamente, o fracasso é mais interessante que o sucesso. Sou um homem de fracassos".

No amor – componente insubstituível em nossa obra existencial –, não há como pensar em sucesso, em conquista plena, em controle do outro, em vitória do indivíduo sobre o que quer que seja. Amor é uma questão de humor (como brincava Oswald de Andrade), é inquietação, é insegurança, é instabilidade, é queda, é dor, mas é também elevação, felicidade, fecundidade; amor é desafio, encontro, desencontro, é sofrimento e gozo. Como na convivência humana em geral, sempre aberta à solidariedade e à traição, à alegria e à decepção, ao medo e ao milagre. Como na convivência pedagógica em particular, em que há ambiguidades, paradoxos, contradições – e tudo isso é fonte de sabedoria.

Para cultivar esse método vivo, é preciso fazer o óbvio: é preciso *vivê-lo*. Não aprendemos a nadar fora da água, onde, na verdade, sentiremos como real o perigo de afogamento e como real a possibilidade de nadar. Não aprendemos a jogar xadrez sem tocar as peças e sofrer centenas de xeques-mates, para, com o passar do tempo, nos tornarmos mestres no tabuleiro.

Para participarmos do dinamismo dos valores, a única forma adequada é (lógica e obviamente) participar desse dinamismo. Sentiremos na pele o perigo real de viver uma vida sem valores e também as características e as consequências concretas de uma vida valiosa. Sofreremos centenas de xeques-mates e outros sustos na luta para apreender o valor dos valores.

É preciso colocar-se ao alcance dos valores. Olhar para eles e deixar-se olhar por eles. Deixar-se tocar por eles, ainda que eles sejam intangíveis. Os valores valem – não se trata de um pleonasmo qualquer. Os valores valem, e nós valemos quando aderimos aos valores.

É preciso ver quando as estrelas começam a caminhar, a enviar seus sinais. Ver que o céu não é tão opaco assim. Ver que o deserto não é tão desértico assim. Ver que existem estrelas-guias, inspiradoras. Ver é insuficiente. Devemos ver e seguir as estrelas. E ouvi-las, como escreveu Bilac no famoso soneto.[2] E abrir caminho onde não há caminhos. E haverá momentos em que as estrelas ficarão mudas, desaparecerão. E depois reaparecerão, voltarão a falar. É preciso jogar o jogo dos valores. Naquele mesmo soneto de Bilac, em seus últimos versos, o poeta responde a quem lhe perguntava

---

[2] "Ora (direis) ouvir estrelas! Certo
Perdeste o senso!" E eu vos direi, no entanto,
Que, para ouvi-las, muita vez desperto
E abro as janelas, pálido de espanto...

E conversamos toda a noite, enquanto
A Via Láctea, como um pálio aberto,
Cintila. E, ao vir do sol, saudoso e em pranto,
Inda as procuro pelo céu deserto.

Direis agora: "Tresloucado amigo!
Que conversas com elas? Que sentido
Tem o que dizem, quando estão contigo?"

E eu vos direi: "Amai para entendê-las!
Pois só quem ama pode ter ouvido
Capaz de ouvir e de entender estrelas".

que tipo de conversa seria possível manter com as estrelas: "Amai para entendê-las! / Pois só quem ama pode ter ouvido / Capaz de ouvir e de entender estrelas".

Para conhecermos nossos valores, nós, professores, teremos de mergulhar uma vez e outra na arte de ensinar, nas leituras sobre o nosso ofício, no conhecimento da experiência de professores experientes. Teremos de mergulhar no deserto, indo ao reencontro de nossos deuses. Para ouvi-los é preciso ter ouvidos. Então, perceberemos que já estavam lá, no silêncio eloquente, no profundo inteligível e comunicável.

Para conhecer (e reconhecer) os deuses, é necessário brincar com a própria palavra "conhecer". O poeta francês Paul Claudel fazia ver que *connaissance*, "conhecimento", era um *co-naissance*, um "co-nascimento". Conhecer valores – que não são objetos refratários e inacessíveis, nem meros apêndices de nossa subjetividade – leva a um novo nascimento com os próprios valores. Leva a um encontro renovado com os deuses. Eles vêm nascer dentro de nós, vêm habitar dentro de nós, sem fusões ou confusões. Sem que percamos a nossa identidade. E sem que eles percam a sua transcendência.

Viver a presença dos valores em nós nos faz *ver* melhor e *ser* melhores. Há como saber que estamos vendo melhor e sendo melhores. É uma constatação. Constatamos que estamos um pouco mais lúcidos do que antes. Ao aderir aos valores humanizadores, começamos a ver com mais nitidez e a nos sentir mais humanos. Aristóteles usava a imagem de dois homens em situações opostas. Um está dormindo. O outro está acordado. O homem que está dormindo não sabe que o outro está acordado, e tampouco sabe que está dormindo. E o que está acordado sabe muito bem que está acordado, além de saber com certeza que o outro está dormindo.

Temos clara noção de estarmos em consonância com valores humanizadores. Essa consonância gera aperfeiçoamento, ampliação da consciência, lucidez, capacidade de tomar decisões mais justas. No entanto, temos de reconhecer, para desespero de nosso racionalismo, a dificuldade de apresentar esse aperfeiçoamento em relatórios. É impossível detalhar a lucidez em números ou traduzir em gráficos a ampliação da consciência. Mas a adesão aos valores e suas consequências são realidade incontestável para quem, ao aderir, acordou.

Tudo vale a pena?

Pensemos num outro deus do deserto que possa nos orientar quando forem escassas as referências: o valor da liberdade. Conhecer a liberdade é "co-nascer" em liberdade. É nascer de novo e fazer a liberdade renascer em nós. O livre-educador pratica uma educação libertadora. O que, entre outras coisas, consiste em ver o aluno como finalidade, e não como instrumento para algo, por mais relevantes que sejam as finalidades externas – ocupar um lugar no mercado de trabalho, conquistar uma vaga na universidade, corresponder aos anseios dos pais, buscar a promoção social da família, aumentar o prestígio da escola, seguir o projeto pedagógico da instituição, trabalhar para o desenvolvimento socioeconômico do país, atingir objetivos ideológicos, alcançar metas políticas, etc.

O valor da liberdade, assumido, ajuda-nos a compreender melhor a constelação de valores. Atuando com liberdade criativa, posso ligar os valores por linhas imaginárias, formando o meu sistema de convicções e fazendo com que determinado valor atue como fundamento de outros. O valor da solidariedade será valor fundante para o valor do trabalho, por exemplo. Outros exemplos: o valor da saúde como alicerce para o valor do prazer, o valor da justiça como alicerce do valor da obediência, o valor da generosidade como alicerce do valor da amizade. Essas linhas e encadeamentos serão desenhados/realizados em nome da liberdade, em conexão, por sua vez, com o valor da responsabilidade.

Os versos de Fernando Pessoa, tantas vezes repetidos fora do contexto – "Valeu a pena? Tudo vale a pena / Se a alma não é pequena" –, têm servido como chancela de um discurso sem vigor, preenchimento irresponsável de papel impresso e desperdício do tempo alheio. Dizer que tudo vale a pena significaria afirmar que toda e qualquer situação é valiosa, que toda e qualquer decisão é válida, que a vida sempre vale a pena se soubermos valorizar cada momento, cada instante, como lições inesquecíveis. Palavras soltas, ideias vagas, pensamento inconsistente...

A verdade é outra: nem tudo vale a pena. Ou por outra: existem valores negativos, como a miséria, a injustiça, a morte. Tendemos a designar os valores positivos simplesmente como valores. O adjetivo "positivos" fica implícito. Talvez seja chocante falarmos agora em valores negativos. Parece uma contradição. Um contrassenso sem solução. Contornemos esse problema linguístico opondo valores (positivos) a desvalores (valores negativos).

Pois os desvalores não valem a pena! Andar no deserto é perigoso. Podemos nos perder nele para sempre. Podemos fazer escolhas erradas. Nossa alma pode se empequenecer, amesquinhar-se, desintegrar-se. Podemos abrir descaminhos, cair em precipícios, mergulhar numa bela miragem. Podemos morrer soterrados na areia infinita das nossas ilusões. Podemos queimar sob o vertiginoso sol de um desvalor. Podemos fazer opções destruidoras. Autodestruidoras e destruidoras de pessoas e realidades próximas de nós. Podemos adotar uma mentalidade pedagógica equivocada. Em suma, não somos infalíveis nem fadados ao final feliz. Tudo está ameaçado.

Optamos indiretamente pelos valores negativos quando não optamos pelos valores positivos. A omissão é uma não ação que, no jogo da vida, produz efeitos. Quando eu me omito e me abstenho diante de certas questões, talvez esteja, nesse fazer não fazendo, fazendo o que não deveria fazer!

Condenados, convocados ou convidados a ser livres, a realizar escolhas, o fato é que, façamos o que fizermos, nossa neutralidade não é neutra. O valor de nossa biografia dependerá dos deuses ou dos demônios que nos habitarem. Depende de nossa livre decisão sermos possuídos por uns ou por outros.

Que cada um se vista com as roupas que tem

Uma das mais valiosas obras da filosofia ocidental, *A consolação da filosofia*, de Boécio, era leitura obrigatória na Idade Média. Foi escrita no início do século VI, durante dois anos, numa prisão em Pávia (Itália). O autor, injustamente condenado à morte, era cristão, mas fez uma escolha que o singularizou entre os homens sábios de todos os tempos. Como cristão, poderia ele ter escrito uma *Consolação da teologia*, ou uma *Consolação da fé*, ou mesmo, como poeta, uma *Consolação da poesia*, mas preferiu recorrer ao lenitivo da filosofia, em que era notória a contribuição dos pagãos – Platão, Aristóteles, Cícero, Sêneca... Pensa e atua como cristão, isso também é notório, mas nesse livro não menciona Jesus Cristo, nem os apóstolos, nem faz citações do Evangelho. Muitos estudiosos posteriores chegaram a imaginar que ele seria um pagão disfarçado de cristão. A própria Igreja católica, cautelosa, não o canonizou, embora na cidade de Pávia a igreja local o reconheça como mártir na fé.

Sim, era homem de fé, mas também homem de filosofia. Boécio afirmava-se filósofo, como fruto de uma corajosa opção intelectual, moral e existencial perante os desvalores da injustiça, da solidão, da vingança, do ressentimento, da tristeza, do medo, do sofrimento e da morte. Uma opção que, passados tantos séculos, continua a impressionar.

Em dado momento da *Consolação*, Boécio faz uma consideração que nos permite entender o porquê de sua escolha.

No Livro II, a voz da filosofia leva o prisioneiro a pensar sobre valores. Ajuda-o a ver o quanto há de ilusório nas riquezas materiais. Boécio faz a si mesmo algumas perguntas, que valem para os homens de ontem e hoje. Como podemos permitir que um objeto sem movimento e sem vida, uma pedra preciosa, por exemplo, cause tamanho fascínio sobre nós, seres dotados de vida e razão? Como não percebemos e por que não lamentamos a crescente perda de tranquilidade que oprime um homem à medida que aumentam suas riquezas e suas posses? Como não vemos o que há de absurdo em conferir a objetos insignificantes um valor superior à nossa muitíssimo mais valiosa condição de criaturas inteligentes de Deus, destinados à imortalidade?

> Os valores pelos quais optamos nos definirão como profissionais que merecem respeito e admiração.

Se supervalorizamos o que nos é externo, vendo-nos inferiores às coisas, aos objetos, cometemos um grave equívoco. Nossa visão está distorcida. Estamos subvalorizando nossa condição de seres especiais da Criação. Ao buscarmos em bens materiais uma forma de autovalorização, confessamos nossa baixa autoestima ontológica. Deixando de nos dar o devido valor e, tentando receber dos bens externos um pouco do brilho que julgamos não possuir, acabamos nos degradando.

Boécio critica nossa incoerência, após refletir sobre a condição dos animais e sobre nossa condição de seres racionais. Porque o valor dos animais reside em serem o que são. Sua condição irracional é seu brilho próprio. Não precisam (nem podem) ambicionar ser o que não são. Não precisam e não conseguiriam sonhar em comprar um carro novo ou adquirir roupas da moda para se sentirem mais valiosos do que são. Basta-lhes ser animais, imersos em sua inconsciente animalidade.

No caso dos seres humanos, a situação é ainda mais radical. Temos, ao contrário, de mergulhar em nossa consciente humanidade. Praticar a autoconsciência de modo intencional e constante. Quando um ser humano desconhece o enorme valor que possui, quando não preza o que é, abre mão de sua própria grandeza e talvez se deixe iludir por outros papéis e atributos. E Boécio então escreve: "*Quam vero late patet vester hic error qui ornari posse aliquid ornamentis existimatis alienis!*". Ou seja: "Que enorme erro cometemos, ao nos embelezarmos com adornos alheios!".

Essa recriminação pode explicar o título da obra. Partindo do geral para o particular, seria incoerência biográfica para Boécio, que tanto amava vestir-se como filósofo, e cujas roupas de filósofo eram as suas desde jovem, tentar aparecer, naquela situação-limite, naquele momento decisivo da vida, como teólogo cristão ou inspirado poeta. Seu valor fundamental era o valor de um filósofo. Ainda que a doutrina cristã e a poesia estejam presentes em sua mente, os deuses que iriam consolá-lo, acompanhá-lo, fortalecê-lo na prisão, à espera da morte e sob o peso da tortura, eram os deuses da filosofia. Não descartou a fé sobrenatural nem seus vastos conhecimentos teológicos e literários, mas preferiu abertamente a reflexão filosófica.

Devemos nos vestir com nossas próprias roupas. A consciência de nosso valor se manifesta assim, nessa coerência profunda. Cada um se embeleza com a beleza que possui. Os valores do professor são suas roupas de professor, sua condição de professor, sua consciência de professor, sua vida de professor. Não precisamos pedir emprestado a ninguém aquilo que nos pertence por direito e nos confere dignidade, autoridade e alegria. Os valores pelos quais optamos nos definirão como profissionais que merecem respeito e admiração.

As *qualidades do professor*

Qualidade e qualidades

Desejamos educação de qualidade para todos. Não basta a educação mínima, não basta o currículo mínimo e, por consequência, não bastam o compromisso pela metade, a vontade mais ou menos, o investimento mínimo, o menor esforço.

Todos querem, todos queremos educação de qualidade. E para todos. Educação excelente. A palavra "qualidade" nos persegue em livros, teses e palestras. Nós mesmos a empregamos em nossos textos e conversas, certos de que, sem qualidade, nada feito. Falta de qualidade equivale a educação frustrante, deixando-nos, todos, contrariados e insatisfeitos.

Quem não valoriza a ideia de uma educação de qualidade? Sabemos que a educação de qualidade gera processos e resultados significativos de aprendizagem. Sabemos que a educação de qualidade leva os alunos a adquirirem "competências" (ou seja, conhecimentos somados a habilidades) nos diversos campos do saber e também nos domínios da ética, da afetividade e da estética. Educação de qualidade é educação integral, profunda, abertura de horizontes. Educação de qualidade é prioridade. Educação de qualidade aqui e agora!

Fechamos, contentes, o livro que nos explicou a educação de qualidade. Aplaudimos o palestrante que enalteceu a educação de qualidade. Parabenizamos o autor da tese brilhantemente defendida a respeito da educação de qualidade. E vamos em busca da dita cuja! Vamos encontrar a qualidade. Custe o que custar, doa a quem doer. Implantá-la, cultivá-la, defendê-la em nossa classe, em nossa escola, em nosso município, em nosso estado, em nosso país!

E então sobrevém a perplexidade. Assim que colocamos o pé na estrada... já não sabemos exatamente para onde ir, já não é tão simples identificar a qualidade em meio a tantos outros conceitos e métodos, dimensões e vertentes, práticas e políticas, sugestões e experiências. Perguntamos a nós mesmos: mas o que será qualidade, na realidade cotidiana, a olho nu, na hora H?

Uma comparação pode ajudar. Os enólogos sabem avaliar a qualidade de um vinho. Se for avaliado corretamente, por gente que entende, um bom vinho demonstrará que é "mais vinho", que é mais ele mesmo, com valor intrínseco e inegável. A educação de qualidade, portanto, é "mais educação", é educar mais e melhor. A educação de qualidade possui qualidades inerentes. Os professores, em tese, são os estudiosos da qualidade educacional, os enólogos desse vinho que é a educação, os especialistas capacitados para implantá-la ou, pelo menos, os mais aptos a reconhecer onde existe ou não educação de qualidade. E, se somos esses especialistas qualificados, temos de nos fazer a pergunta crucial, uma vez mais.

Perguntemos, então, de novo: quais são, professores, as qualidades de uma educação de qualidade? Seriam qualidades ocultas, impossíveis de definir, que se manifestam em efeitos milagrosos? Qualidades misteriosas, que dependeriam do carisma dos grandes mestres, do "clima", da "atmosfera" de uma escola, que dependeriam de fatores esotéricos, de imponderáveis realidades que, para usar uma formulação tipicamente lispectoriana (a escritora Clarice Lispector vivia lidando com o imponderável), algumas instituições têm e outras não têm, alguns alunos têm e outros não, alguns professores têm e outros não, alguns projetos pedagógicos têm e outros não?

Se as qualidades da educação de qualidade forem ocultas, indizíveis, será supérfluo falar em "qualificação" ou, com pose de gente bem-sucedida, em coisas altissonantes como "controle de qualidade" e "gestão de qualidade total". A educação de qualidade dependeria de forças indescritíveis e incontroláveis. Ou brotaria da conjunção afortunada de mil e um elementos para beneficiar (inexplicavelmente) os felizardos e punir (injustamente) os azarados.

Fatalismo puro! Predestinação! Felizes os que estiverem, por obra do acaso, no lugar certo e na hora certa! Sorte de quem estiver lá... Azar de quem lá não estiver... Certa vez, o secretário de Educação de uma metrópole brasileira confidenciou a seus colaboradores mais próximos, referindo-se a crianças de uma favela que estudavam numa escola pública caindo aos pedaços: "Para quem mora onde elas moram... essa escola está ótima...".

Ou talvez exista uma caixa-preta a ser resgatada e aberta. Devidamente decifradas, sairão dali as informações preciosas sobre as características, as qualidades de uma educação excelente, humanizadora, transformadora – uma autêntica educação de qualidade!

Propriedades, disposições e qualidades

Vamos partir de uma premissa, que é a seguinte: a educação de qualidade depende de que os protagonistas/parceiros do fato educativo (professores, alunos, pais, diretores, coordenadores, supervisores, secretários de educação, autoridades políticas, legisladores, comunicadores...) cultivem certas atitudes e comportamentos modulados pelo contexto cultural e econômico. Havendo qualidade nessas atitudes e comportamentos, e sendo o contexto cultural e econômico favorável, são muito grandes as chances de existir educação de qualidade.

Concentremos nossa atenção no par atitudes/comportamentos. Se forem boas atitudes, comportamentos positivos, adequados, coerentes, cabe alimentar a esperança de que a educação de qualidade não se reduzirá a mera expressão de efeito em discursos pedagógicos/demagógicos. Discursos cínicos, afinal de contas.

Sempre dependeremos do contexto, isso é líquido e certo. Contextos sociais propícios nos permitem escrever melhor nossos textos pessoais. Já um país em guerra inviabiliza o encontro entre professores e alunos. Escolas caindo aos pedaços empobrecem o ensino e dificultam o aprendizado. Problemas sociais interferem negativamente. Uma escola assediada pelo tráfico de drogas tem sérios problemas para praticar educação de qualidade. Professores mal remunerados têm sérios problemas para ensinar com qualidade. Professores cuja formação inicial é deficiente e cuja formação continuada é descontínua... sentem-se aquém dos seus desafios profissionais. Alunos cujas famílias vivem em estado de extrema pobreza financeira ou moral experimentam dificuldades quase intransponíveis para aprender, estudar, ler, pensar, escrever.

Contudo, por mais realistas que sejamos, não nos tornemos fatalistas. As qualidades de uma pessoa e de um grupo de pessoas podem nos surpreender. São qualidades que admiramos em indivíduos, comunidades e povos que sobreviveram a pequenas ou grandes tragédias e, delas, ressurgiram mais fortes e maduros. O contexto influencia nossos textos, sem dúvida nenhuma, mas nossos textos também influenciam o contexto, e disso tampouco devemos duvidar!

Penso nas qualidades individuais, que não devemos confundir com outros tipos de atributos pessoais: as *propriedades* e as *disposições*.

Independentemente de nosso querer, as propriedades delineiam nosso perfil de modo objetivo. Os atributos físicos entram nessa categoria, bem como a ausência ou as perdas de atributos causadas por circunstâncias alheias à nossa vontade. Características genéticas também são propriedades que, gostemos ou não, aí estão e nos configuram. São heranças com que temos de lidar, e não poucas vezes precisamos de boa dose de paciência, tolerância e bom humor para administrá-las.

O que é próprio da condição humana é propriedade nossa. Somos, por exemplo, seres "futuriços", como dizia o filósofo espanhol Julián Marías. Ou seja, é próprio do ser humano projetar-se para o futuro a partir do passado e do presente, nos quais estamos instalados. Outras propriedades nos definem, em contraste com os outros seres que habitam este planeta: somos *Homo sapiens*, *Homo loquens*, *Homo ludens*, *Homo faber*, *Homo socialis*, *Homo politicus*, etc. Outra propriedade muito própria: somos mortais (a contragosto), a mortalidade é "coisa nossa".

> Os valores em que acreditamos devem se encarnar em nós e se transformar em qualidades.

Propriedades se impõem. São o que são e determinam em boa parte aquilo que somos. Imaginemos, por exemplo, a situação extrema e extraordinária de dois siameses que nascessem com um único tronco e um par de pernas, mas com duas cabeças, dois corações e dois estômagos independentes. São casos raríssimos na história da medicina: duas pessoas distintas da cintura para cima, e uma só da cintura para baixo. Possuem temperamentos diferentes, biografias diferentes, maneiras diferentes de encarar o mundo. Vidas separadas e unidas. São livres e condicionados. Para viverem devem conviver com esse fato e dele extrair o máximo de possibilidades.

Quanto às disposições, podem ser vistas como estados de ânimo mais ou menos direcionáveis por nós e pelos outros. Disposições são boas ou ruins, mas passageiras. Estou triste, estou empolgado, estou apreensivo, estou sereno, estou com boas disposições, estou com más disposições. A literatura de autoajuda está atenta às nossas disposições, procura dar-lhes um rumo, em nome de uma existência mais equilibrada. As palestras motivacionais podem permanecer nesse nível superficial, epidérmico, trabalhando com o vaivém das disposições, ou cair em espetáculos de manipulação psicológica, quando não em lamentáveis embustes.

Propriedades são sólidas. Disposições são líquidas. Na condução de nossas vidas, precisamos de algo mais flexível do que propriedades e algo menos instável e mais confiável do que disposições. Precisamos de qualidades que nos façam avançar, apesar das eventuais adversidades acarretadas por nossas propriedades físicas, heranças genéticas ou limitações anímicas. Precisamos que aqueles deuses nos deem forças adicionais. Os valores em que acreditamos devem se encarnar em nós e se transformar em qualidades. As qualidades nos fazem lutar não somente pela sobrevivência mínima, mas também por um viver mais humano.

As qualidades são hábitos, costumes, forças, capacidades, tendências, faculdades ou qualquer outro nome que queiramos dar às inclinações internas, latentes, que, mediante nossa decisão e nosso empenho, se traduzem em ações concretas. As qualidades são os deuses do deserto agindo em nós de modo duradouro, com nossa permissão e nossa colaboração. São os valores convertidos em virtudes.

Combatemos fatalismos e naturalismos, reagimos às manipulações e aos reveses, acionando nossas qualidades. As qualidades dos indivíduos são condição *sine qua non* para modificar contextos nocivos e prejudiciais. Quando falamos na necessidade de lideranças, devemos lembrar que os líderes se formam apesar dos pesares e se fortalecem em contraste ou em aberta contraposição às dificuldades externas. Mais ainda: um líder se fortalece graças às dificuldades e demonstra possuir firmeza e coerência no momento em que "o bicho pega".

Em resumo, possuidores de qualidades, mas também possuídos por elas, nós assumiremos novas posturas perante a realidade. As propriedades favoráveis serão bem-vindas, e as não favoráveis serão bem-vistas. As favoráveis serão potenciadas, e as não favoráveis serão ocasião para exercitar a velha arte da superação, como no exemplo emblemático da norte-americana Helen Keller (1880-1968), que no início da infância ficou cega e surda, mas, com a ajuda persistente e inspiradora da professora Anne Sullivan, se tornou escritora, ativista política e conferencista de renome. Helen Keller dizia que a ciência já tinha encontrado a cura para muitos males, mas ainda não tinha descoberto o remédio que curasse um ser humano da apatia. A autora provavelmente não considerava a cegueira e a surdez tão limitantes quanto essa doença!

Para vencer a apatia, precisamos nos motivar. Nada contra as disposições. Mesmo sendo transitórias, que sejam estimuladas as nossas disposições mais generosas e altruístas.

E quanto às qualidades, há uma coisa importante a ressaltar: não esqueçamos sua proximidade com os defeitos, como naquela máxima de La Rochefoucauld:

> Existem pessoas tão levianas e tão frívolas, que se encontram igualmente distantes dos verdadeiros defeitos e das sólidas qualidades (Máxima 498).

Os grandes defeitos são "desqualidades", sombra inseparável das qualidades. O valor do professor se reflete em suas qualidades e desqualidades. Interessa manter a tensão entre a verdade dos defeitos e a busca do perfeito, entre o malfeito e o refeito. Essa tensão garante a nossa atenção moral. Certa tensão mantém a mente alerta e solicita de nós maior agilidade nas ações e reações.

Seria sinal de leviandade não cometer grandes equívocos, não falhar, não errar. O poeta Paulo Leminski conta num poema – cujo título é um trocadilho: "Erra uma vez" – a história do erro assumido como etapa dos processos de aprendizagem, crescimento e aperfeiçoamento. O artista, o cientista, o esportista cometem erros o tempo todo, erram o alvo, criam hipóteses que não se confirmam, escolhem caminhos que não conduzem a lugar nenhum e, sem dramas, respiram fundo e, uma vez mais, voltam a tentar, a treinar, a ensaiar, a experimentar.

O professor também: erra uma, erra duas, três vezes, tropeça, engana-se, desafina, erra quatro, cinco, seis vezes, precisa tentar novos métodos, experimentar novos modos de ensinar. Cabe ao erro aparecer todas as vezes, todos os dias, para que o acerto se produza, para que, enfim, uma obra se faça.

A inação, o descompromisso e a pusilanimidade são piores do que uma coleção de erros. Seria fundamental incluir uma disciplina nos cursos de formação docente: a errologia. Errologia é o estudo sistemático da capacidade humana de errar. Essa disciplina visita a história do erro, investiga o que um dia foi visto como infalível, lê o tratado geral do erro. A antiga frase "errar é humano", primeiro tema dessa matéria, deixaria de ser repetida em tom de lamento. O tom passaria a ser de afirmação, quase de triunfo: errar é humano! Errar é o que manifesta de modo claro que somos humanos, erradores errantes na luta por um mundo melhor.

O que de fato nos distancia da educação de qualidade não é errar, não é deparar com o imperfeito, mas acomodar-se ao rarefeito, e essa acomodação muitos denominam mediocridade.

Mediocridade também é coisa nossa

Sou medíocre em numerosos aspectos da minha vida pessoal e profissional, o que nem sempre é necessariamente desabonador. É que essa palavra admite pelo menos duas interpretações.

A primeira: sou medíocre quando estou na média. A média como um valor entre dois extremos opostos. Nem tanto ao mar, nem tanto à terra. Nem oito, nem oitenta. A célebre expressão latina *in medio stat virtus* ("a virtude encontra-se no meio"), de inspiração aristotélica, recomenda a moderação e a modéstia. A mediocridade, nesse sentido, está unida à prudência e à ponderação. Os antigos poetas falavam na *aurea mediocritas*, um comedimento esplêndido, um estilo de vida elogiável, sem excessos, sem estridências, caminho equilibrado entre a miséria e a opulência. O meio-termo valioso. A justa medida. Ou aquela "paixão medida", como no título de um inspirado livro de poemas de Carlos Drummond de Andrade.

Uma boa aula não precisa ser genial sempre, não precisa ser uma aula fantástica, cheia de efeitos especiais, longos aplausos, êxtase, exemplos brilhantes. Um bom trabalho, um trabalho mediano, de bom tamanho, tem seu próprio valor. O ótimo continua sendo inimigo do bom, como nos alerta o senso comum, neste caso muito bem acompanhado pelo senso prático e pelo bom-senso.

Mas há o sentido pejorativo do termo: o medíocre sem brilho e sem originalidade. O profissional medíocre como aquele que se acomoda na banalidade. Mediocridade, aqui, é ficar aquém da média. É ter pensamentos medíocres, realizar ações medíocres, fazer lances medíocres no jogo da vida. A mediocridade como resultado vergonhoso: a aula medíocre, o texto medíocre, o livro medíocre, a mediocridade arraigada, os tentáculos da mediocridade sufocando o talento e a criatividade.

No início da década de 1990, Ezequiel Theodoro da Silva publicou *Magistério e mediocridade*, um livro de pequenas dimensões, poucas páginas, mas com um título forte associando duas palavras que deveriam se repelir. Infelizmente essa associação existe em muitos casos de que somos testemunhas. Há até professores que praticam o que o autor identifica como "mediocridade polivalente": a irresponsabilidade de assumir disciplinas que não conhecem bem, talvez por força das circunstâncias, sob a pressão da luta pela sobrevivência, rebaixando-se como profissional, ferindo sua própria credibilidade.

> Valorização do professor supõe incentivar o talento docente, as qualidades individuais.

A mediocridade de um docente vincula-se, de modo direto ou indireto, ao contexto da degradação do magistério (que deixa de ser *magis*, "mais" e melhor, como sugere a etimologia), um quadro desolador, em que nossa carreira depreciada passa a ser encarada como a opção que sobrou por aqueles que já não têm nenhuma opção...

Ezequiel Theodoro, naquela altura, escrevia sobre essa degradação, sem alimentar sonhos:

> [...] o professor, frente às precárias circunstâncias que envolvem o seu fazer, apresenta-se como um ser extremamente insatisfeito e frustrado. A frustração resulta do desalento, da desilusão que são vivenciadas ao longo deste século; no momento presente parece não haver uma perspectiva de melhoria a curto ou médio prazo.

Quem acompanha a cena educacional brasileira poderá afirmar, hoje, que há motivos para acreditar em melhorias a médio prazo... A partir do começo do século XXI, foram realizados esforços significativos por parte do MEC, e também a sociedade tornou-se mais ciente e consciente do quanto é importante para o país investir em educação e administrar melhor esse investimento e do quanto cada indivíduo precisa cuidar do próprio aprendizado. Quero crer que a tendência é melhorar. Melhora que se concretizará muito gradualmente, a duras penas, porque não se vence uma inércia de décadas com um único esforço de aceleração. Ainda teremos de enfrentar uma longa e lenta caminhada ladeira acima, subir centímetro a centímetro essa ladeira pela qual descemos em velocidade desesperadora até quase o fundo do poço.

Ingressamos agora numa etapa decisiva da história educacional brasileira. Esta década 2010-2020 será a década da (re)valorização dos professores, ingrediente mais do que necessário para fomentar novas esperanças. Ou isso ou dificilmente as metas de uma educação de qualidade sairão do campo das belas intenções.

Valorização do professor supõe incentivar o talento docente, as qualidades individuais.

Qualidades e singularidade

Os artigos indefinidos "um" e "uma" não são tão indefinidos quando se referem a *um* professor, a *uma* professora cujas qualidades nos impressionaram e, de algum modo, tentamos reproduzir em nossa própria vida de professores profissionais.

A individualidade singular de cada um dos professores é a chance do magistério como profissão. A educação de qualidade depende, em boa medida, das qualidades de cada um dos milhares de professores que, vistos de longe, integram a maioria mediana, a grande massa de medíocres que circula neste planeta, milhares, milhões e milhões de pessoas medíocres que jamais serão objeto de um estudo biográfico e cujos nomes serão esquecidos nos arquivos mortos do universo.

Singularidade não é excentricidade. Não preciso ser excepcionalmente diferente dos outros para ser único. Não preciso ser celebridade fora do comum para existir como pessoa inimitável. Cada um é único e singular pelo fato de existir. Cada pessoa possui sua grandeza, mesmo quando essa grandeza encontra-se ofuscada ou deturpada, negada ou esquecida. Para cada herói celebrado existem milhões de anti-heróis desconhecidos, mas todos, afinal, somos heróis: cada um é herói em sua pessoal biografia e dentro de seu espaço social. Entre o berço e o túmulo, cada um de nós vive sua aventura particular e mereceria receber as mesmas homenagens que os grandes artistas, políticos, cientistas e sábios recebem. O mais obscuro habitante de uma cidade perdida no mapa do tempo é um ponto de luz, medíocre ou não, revolucionário ou não, pouco importa.

A verdade de nossa singularidade é muito simples e serve como premissa para todas as declarações a favor da dignidade humana: todos somos importantes. Essa importância radica em tudo aquilo que podemos exportar para os outros, no inevitável comércio das trocas existenciais: palavras, ideias, sentimentos, sugestões, ações, olhares e tantos outros "produtos". Mesmo nossas exportações menos felizes são relevantes sob certo ponto de vista – meus piores professores, por exemplo, me ensinaram algo valiosíssimo, ensinaram-me que não devo fazer determinadas coisas em sala de aula. Ensinaram-me o certo fazendo o errado. (Eis outro benefício da errologia!)

Cada um de nós é importante. Essa afirmação ética decorre de uma constatação ontológica: cada um de nós é uma realidade singular, ímpar, inimitável. Se alguém pedisse a Deus que contasse o conjunto da humanidade (estima-se que já passaram por esse planeta cerca de cem bilhões de pessoas), o Onisciente contaria assim: "um, um, um, um, um...". Não por gaguejar acidentalmente, diante do primeiro elemento da série, incapaz de progredir na quase infinita contagem, ou por se sentir esmagado pela tarefa de calcular a todos, tarefa que, a bem da verdade teológica, Deus já realizou, está realizando e realizará no absoluto momento eterno. A razão seria outra e manifestaria uma vez mais a sabedoria divina. O fato é que, deparando com cada um, identificando cada uma de suas criaturas humanas, maravilhando-se com cada um desses microcosmos (o "monstro incompreensível" que cada ser humano é, segundo Blaise Pascal), Deus atestaria para si mesmo que cada um de nós, cada um desses cem bilhões de seres chamados humanos é, por direito de nascença, *um*.

Esse um que cada um é nada tem a ver, em tese, com a subjetividade inflada, o um narcisista que despreza os inúmeros outros uns que compõem o gênero humano. Eu sou mais eu não significa que me considere melhor do que os outros. Nada justifica que um se considere melhor do que outro um, por mais completo e requintado que seja seu *curriculum vitae*. Pensando bem, todos os uns são iguais na hora em que Deus contar todos. O simples fato de estar vivo já é um grande acontecimento.

Todos somos iguais. Mas o que mais radicalmente nos iguala é o fato de sermos diferentes uns dos outros. Somos iguais em nossa condição de seres que não podem ser igualados como peças anônimas indiferenciadas e intercambiáveis de um todo. A individualidade de cada um nos une num conjunto complexo, exuberante e fascinante, em que ninguém é substituível. Em que cada um de nós é um pequeno todo de incalculável valor.

> Os valores chamam valores.
> Os valores se atraem e se conclamam.

Cada professor é um mestre insubstituível, de incalculável valor. Todos nós, professores, somos igualmente valiosos, por sermos pessoas, primeiramente, e, adicionalmente, por termos aderido ao valor de ensinar. No entanto, essa adesão deve aprofundar-se para que sejamos revalorizados profissionalmente. Precisamos renovar e reafirmar essa adesão. Cada um de nós, professores, precisa reencontrar-se como sujeito de qualidades docentes únicas e irrepetíveis, mesmo que essas qualidades carreguem os mesmos nomes: prudência, criatividade, coragem, tolerância, benevolência, paciência, justiça, perspicácia, etc. Sem egocentrismos tolos, cada um de nós está convidado pelo valor de ensinar a definir-se como profissional qualificado, como professor que possui e é possuído por muitas e comprovadas qualidades.

O valor de ensinar não é um deus solitário. Os valores chamam valores. Os valores se atraem e se conclamam. Há um número significativo de valores vinculados à prática da educação de qualidade. E cada qualidade que porventura eu cultivar será a encarnação especial de um desses valores em minha biografia pessoal concreta.

Estou escrevendo minha biografia ("escrevivendo" minha vida) e, simultaneamente, construindo meu estilo de existir como docente: meu modo de pensar, falar, escrever, explicar, avaliar, orientar, esclarecer, argumentar, etc. Minhas qualidades profissionais vão relacionar-se (não sem contrastes e conflitos...) com as qualidades de cada um dos outros milhares de professores que participam da rede, do sistema. Desse entrecruzar-se de qualidades resultará a qualidade de ensino da escola em que leciono, do município em que trabalho, do país em que vivo.

Você é um professor... ou um rato?

Certa vez, um professor cismou que era um rato. Passou a comer restos de comida todos os dias. Trazia lixo para dentro de casa. Rastejava. Deixou os fios de seu bigode crescerem. Acreditava que era uma antena que o ajudava a se locomover em ambientes sem luz.

Espremia-se entre espaços apertados. Era comum vê-lo enfiar as mãos em brechas de paredes. Abria a geladeira e cheirava com impaciência todos os alimentos. Ficava roendo páginas de livros. Estava sempre à espreita, desconfiado.

Familiares e amigos, assustados com seu comportamento, resolveram levá-lo a uma clínica psiquiátrica, onde os médicos, durante meses a fio, se empenharam em fazer o professor tomar consciência de que era um professor, e não um rato. Lutaram para que se lembrasse de seu conhecimento, dos milhares de alunos que ajudou a formar, das centenas de milhares de provas e trabalhos que corrigiu.

Não era fácil. O professor queria fugir. Olhava para os médicos como uma cobaia presa no laboratório. Andava de um lado para o outro como se estivesse dentro de um labirinto. Às vezes, encurralado no canto de uma sala, tremia e guinchava.

Graças à persistência dos médicos, o professor foi aos poucos recuperando sua personalidade. Perguntavam-lhe todos os dias: "O senhor é um professor ou um rato?". E lhe davam mil e um argumentos para se convencer de que era, de fato, não um rato. De que era um professor, um mestre, um educador!

Depois de um ano letivo inteiro, o professor deu sinais de que estava curado. As avaliações inter e multidisciplinares, os testes constantes, as provas, os exames indicavam que o professor voltara a ser professor. Nada de aprovação automática. Sua recuperação foi supervisionada passo a passo.

Num belo dia, os médicos deram-lhe alta com notas altas! E lhe disseram que podia voltar a lecionar.

O professor se despediu, caminhou pelo longo corredor, até sumir das vistas dos médicos e enfermeiros.

Dois minutos depois, o professor entrou espavorido, suando frio, olhos arregalados, na sala de um dos médicos. Gritava:

– Doutor! Pelo amor de Deus! Me ajude! Tem um gato na saída da clínica!

– Mas, professor, o senhor não precisa ter medo. O senhor é um professor, lembra-se? É um professor, e não um rato.

– Certo, doutor. Isso eu já sei. Mas será que o gato também sabe?

Essa parábola indica a importância das qualidades em comparação com o poder de disposições nem sempre positivas. As qualidades podem ser consideradas novas propriedades, podem criar uma segunda natureza e nos dar uma nova oportunidade existencial.

Se em dado momento experimento a sensação de que não passo de um rato, é preciso recorrer não apenas às propriedades humanas, em si mesmo já valiosas, mas também às qualidades profissionais. Assim como Gregor Samsa, o personagem de Kafka em *A metamorfose*, perdeu a forma humana e subitamente passou a se comportar como uma sevandija, um parasita, um verme (popularmente a maioria dos leitores pensa numa barata), também eu corro o risco de esquecer minha dignidade humana, arrastado pelas circunstâncias externas e impressionado por sentimentos contraditórios e deprimentes. É necessário que entrem em ação as qualidades, os valores encarnados e personalizados em mim.

Nossa valorização profissional, que reafirma nosso valor humano, que leva à nossa revalorização pessoal, fundamenta-se em qualidades visíveis e reconhecíveis, em qualidades nomeáveis identificáveis por observadores externos. Em momentos de perplexidade e confusão, talvez me esqueça de que sou professor, de que aderi ao valor de ensinar, e fique obcecado pela sensação deprimente de que sou um rato, e como um rato passe a me comportar. No entanto, se, apesar dessa disposição negativa, ainda possuo qualidades docentes, arraigadas, comprovadas, é com base nelas que reconstruirei minha presença e minha atividade, minha autoimagem e meu papel social.

Recaídas são comuns. Tão logo eu tenha recuperado a consciência e o sentimento de meu valor profissional, um par de olhos tentará me abalar. O gato, na saída da clínica, representa o olhar recriminador de quem não acredita no valor de ensinar ou não acredita que minha adesão a esse valor é para valer. Além de me convencer de que possuo as qualidades docentes que minha adesão aos valores criou em mim, preciso ou convencer o gato de que essas qualidades existem ou simplesmente não permitir que o gato me intimide e me faça regredir a estágios de insegurança.

Em outras palavras, preciso reeducar minhas disposições por intermédio de uma consciência cada vez mais clara de que possuo qualidades – e essas qualidades não só me protegem da autointerpretação redutiva e destruidora, mas também me ajudam a encarar sem medo a desvalorização direta e constante daquele olhar devorador que me fixa ameaçadoramente.

Qualidades e seus nomes

Qualidades genéricas e etéreas não são qualidades. Do mesmo modo que a mediocridade ruim – a que nos deixa muito aquém da média – se concretiza em atitudes e comportamentos, o valor assumido se concretiza em qualidades evidentes.

Fazer uma lista de qualidades e virtudes não nos torna automaticamente qualificados. Essa lista pode até mesmo aumentar a sensação de que estamos longe demais desse professor ideal que sonhamos ser, ou que os olhos ferinos do felino da parábola nos fazem acreditar que não seremos porque, de fato, nem sequer professores reais nós somos.

Daremos uma boa resposta ao gato. Por um momento, ele apenas está testando nossa consciência e nossa coragem. O torturador reconhece o seu torturado. O torturado acena medrosamente para o torturador. A covardia do torturado alimenta a covardia do torturador. O desqualificador reconhece aquele que já se considera desqualificado. A única forma de sair da clínica definitivamente e desenvolver uma vida profissional de qualidade é ir em frente, sem dar demasiada atenção a quem aposta que somos menos do que de fato somos.

Antes que as qualidades sejam base para nossa valorização profissional e existencial, podemos nos beneficiar das propriedades preexistentes. Vida profissional valorizada se baseia em qualidades, qualidades que por sua vez nascem da adesão a valores. Contudo, além dos valores que nos fazem convites, existem propriedades valiosas com que já nascemos.

Somos seres futuriços, como vimos antes. Essa é uma propriedade humana. Vivemos na temporalidade, em direção ao futuro, ao mesmo tempo instalados no presente e no passado. Julián Marías utiliza a imagem da flecha que é lançada para a frente, em busca de um alvo, mas só é lançada para frente porque recebe o impulso do arco tensionado para trás.

As propriedades nos puxam para trás e constituem a base de lançamento para qualidades futuras. Essa propriedade mesma, de seres futuriços, nos permite desenvolver várias qualidades. O otimismo é uma dessas qualidades que se apoiam na condição futuriça de todo ser humano.

O otimismo é contar sempre com uma solução favorável, com uma saída dos becos sem saída. O otimismo não encobre o que há de problemático e equivocado na realidade. Se o encobrisse, seria, nas palavras de Mário da Silva Brito, mero puxa-saquismo do *establishment*. O otimismo inconsequente de quem repetisse, como Cândido, personagem de Voltaire, que vivemos no melhor dos mundos possíveis não pode ser considerado uma qualidade. Otimismo conivente com o erro não aprendeu que, na errologia, o erro é real. Podemos aprender com o erro, mas sem esquecer que ele é o que é. A fragilidade desse falso otimismo se manifestará quando o gato devorar o rato e quando Gregor Samsa, transformado em barata, morrer de tristeza e solidão.

Para reconhecermos o otimismo como qualidade, precisamos descartar a candura, que o descaracteriza. O autêntico otimismo vê que o gato é perigoso, um perigo real para aquele que se tornou um rato, e que rato se tornou por ter regateado os valores, por ter desprezado suas próprias possibilidades.

O futuro melhor não está garantido, haja vista o passado... A situação presente é mais difícil de resolver do que se imagina. Há muita coisa a lamentarmos, em particular no que tange à educação. É lamentável, para descer a uma questão bem prática, que em muitos municípios brasileiros as secretarias de Educação dessas cidades não façam a gestão dos recursos destinados à pasta. Em alguns desses lugares, o secretário, talvez um pedagogo enganado pela própria candura, desconhece o destino das verbas educacionais, administradas por outras "autoridades" ou até por um escritório de contabilidade da total confiança do prefeito...

Não estamos no melhor dos mundos. Nunca estivemos. Somente com este pano de fundo realista, somente neste deserto é possível vislumbrar o valor do otimismo e transformar esse valor em qualidade. E então será possível repetir, com o poeta Philip Raskin, que "quem desperdiça o hoje, lamentando o ontem, desperdiçará o amanhã, lamentando o hoje". Não porque não haja muitas coisas a lamentar aqui e agora. Sempre há o que lamentar. Mas porque é extremamente lamentável viver se lamentando.

As qualidades têm nomes que devem ser definidos com clareza, para que não se confunda uma virtude com seu simulacro. O otimismo acredita no ótimo, mas não se esquece de outra proparoxítona: o péssimo. E o mesmo poderemos pensar a respeito das demais qualidades. A esperança não se confunde com a passividade. A esperança não é mera espera. E a sinceridade não se confunde com a franqueza sem limites. E a coragem convive com o medo. E a alegria sabe chorar. E o gosto pelo trabalho não se engana com a chamada preguiça agitada.

As *ideias* do *professor*

Vontade de pensar

Pensar é também aprender a pensar valores. Os valores são realidades intangíveis, que surgem, porém, na forma de palavras, e as palavras expressam conceitos, e os conceitos são concebidos e reconcebidos em nosso pensamento.

O poeta Mário Quintana escreveu em seu livro *A vaca e o hipogrifo*: "Ninguém sabe ao certo o que querem dizer reticências. Em todo caso, desconfio muito que esses três pontinhos misteriosos foram a maior conquista do pensamento ocidental...".

Esses três pontinhos são o espaço da reflexão, do silêncio que busca sentidos. Não descartemos a reflexão sobre os valores, como se fossem terreno movediço demais, onde as subjetividades se perdem e, antes de afundarem por força do próprio peso, brigam entre si inutilmente, acelerando o inevitável afundamento.

Pensamento é momento valioso. O valor do pensamento, entre outras coisas, consiste em nos fazer pensar sobre o próprio pensar. Por vezes, pensamos sem pensar e não sentimos o prazer que há em pensar conscientemente. O mais importante num exercício escolar, na lição de casa, ou mesmo nas provas e nos exames, é a chance de pensar. Analisemos esta questão de uma prova de Matemática:

> Após um jantar, foram servidas duas sobremesas: sorvete de creme e doce de abóbora. Sabe-se que, das 10 pessoas presentes,

> 5 tomaram sorvete, 7 comeram doce de abóbora e 3 comeram das duas. Quantas pessoas não comeram nenhuma?
> a) 1
> b) 2
> c) 3
> d) 4
> e) 0

A solução do problema é simples: a letra **a**. Contudo, quem concebeu essa questão torcia, secretamente, para que o aluno marcasse uma dessas três letras: **b**, **c** ou **d**. A pergunta no plural – "quantas não comeram?" – demonstra suas más intenções (tão mal disfarçadas), tentando induzir a "vítima" a pensar que jamais a resposta poderia ser a letra **a** ou a letra **e**.

Até aqui, pensamos em duas direções. Pensamos matematicamente sobre o enunciado da questão, sobre quantos comiam o que, ou deixavam de comer, para descobrirmos a resposta certa entre as cinco opções apresentadas. Num segundo momento, passamos do pensamento quantitativo para o pensamento didático-crítico, tentando imaginar a feitura da questão. O modo como a questão foi formulada e as intenções do formulador. E detectamos aqui uma das características perversas das provas e lições de casa: a presença daquela astúcia de quem, ao preparar uma questão, pretende testar a esperteza do aluno mais do que o seu raciocínio.

A vontade de pensar, no entanto, não pode deter-se nesses dois passos. Para além do problema matemático e do problema didático, surge outra linha de trabalho mental. Pensemos o mistério que envolve essa singela cena prandial. No momento em que pensamos com ainda maior impertinência, podemos perguntar a nós mesmos: "Mas por que essa pessoa da letra **a** não quis comer nenhuma sobremesa, nem o doce nem o sorvete?".

As respostas agora são virtualmente infinitas.... Talvez essa pessoa fosse diabética.... Talvez tivesse comido demais no jantar e depois, hipocritamente, renunciou às sobremesas engordativas... Talvez... talvez fosse um criminoso que colocou veneno na sobremesa para matar os outros nove, com o intuito de escrever depois, imitando Agatha Christie, um novo *O caso dos dez negrinhos*... A questão da prova suscita narrativas que nos levam longe demais, deixando nervosos e impacientes os bravos formuladores de questões. O pensamento, diz a canção de Lupicínio Rodrigues, "parece uma coisa à-toa, / mas como é que a gente voa / quando começa a pensar...".

O pensamento que se valoriza

Pensar, abrir espaço de reflexão dentro do nosso tempo de vida. Para além dos problemas, das lições de casa, das questões capciosas das provas e concursos... há os mistérios. O filósofo Gabriel Marcel refletia sobre a distinção e o contraste entre problemas e mistérios.

Um problema está diante de mim como algo a ser solucionado, por vezes em caráter de urgência. Teoricamente, estou fora do problema ou acima dele, e do problema me aproximo com as armas, ferramentas e instrumentos do pensamento. Com uma lupa, vou avaliar o problema. Com o garfo e a faca do pensamento, corto o problema para dividi-lo, reparti-lo e resolvê-lo. Digamos que eu precise trocar uma lâmpada. Eis um problema prático. Talvez urgente. A lâmpada queimou. Compro outra e substituo a antiga pela nova. Problema encarado e resolvido.

Há problemas mais complexos. Que talvez exijam mais de uma cabeça pensante. Imaginemos uma pessoa doente. É preciso tomar decisões delicadas sobre como encaminhar seu tratamento. Profissionais da saúde buscam uma solução. Não estão pensando na definição filosófica da vida ou no significado da morte. Os sintomas da doença exigem diagnósticos. O batimento cardíaco do paciente inspira cuidados. Os médicos e as enfermeiras concentram seus esforços em salvar aquele corpo doente. Lançam mão de todos os recursos de que dispõem para que a luz daqueles olhos não se apague. Poderão obter bons resultados nessa luta. Poderão fracassar. Ainda assim, estão diante de um problema.

Mistérios são diferentes. Quando me aproximo deles, vejo que estou incluído na sua própria formulação. Quando penso em solucioná-los, descubro que não estou acima deles, fora deles. Eu sou parte dos mistérios que me intrigam. E começo a temer que sejam insolúveis...

> Pensar o mistério como realidade insolúvel revaloriza o pensamento. Não entender é uma boa lição.

O amor como questão a refletir é muito mais do que um problema para o qual buscamos soluções. Porque, ao tratar o tema do amor, percebo de imediato que eu mesmo sou um ser que ama, e que desama, e que sofre por amor, e que anseia amar, e que se dá conta, inclusive, do que há de amaro (de amargo) no amor, se quisermos lembrar uma formulação poética de Carlos Drummond de Andrade.

Como dizia Santo Agostinho, o ser humano encontra a felicidade e a plenitude em *amare et amari*, em amar e ser amado. O que não é pouco! Por mais instrumentos, estratégias e remédios que meu pensamento possua para decifrar o amor, para curar a ferida do amor, para administrar o amor, ele sempre transbordará minha reflexão, e eu poderei fazer dessa reflexão um exercício humanizante.

O professor que só se preocupa em preencher suas horas de aula com atividades e palavras em torno de problemas está dentro dos limites do saber, nada podemos reclamar quanto à sua observância do dever a cumprir, mas esse professor encerra-se em si mesmo e já encerrou o expediente. Não se abriu para o mistério do ensino, embora venha a elucidar todos os problemas.

Pensar o mistério como realidade insolúvel revaloriza o pensamento. Não entender é uma boa lição. Lidar com realidades que nos ultrapassem nos ajuda a crescer em sabedoria. Pensar o problemático é cansativo, mas não é tão difícil. Necessário é refletir sobre o misterioso. E ensinar a refletir sobre ele...

Um professor de Filosofia contava-me que depois de uma aula sobre antropologia filosófica, em que apresentou as inquietações e elucubrações de grandes pensadores, ouviu a seguinte reclamação de uma aluna:

– Muito bem, professor, mas, afinal, o que é o ser humano?

– Não sei...

– O quê?

– Foi o que eu disse. Eu não sei. Eu não sei, Platão não sabia, Aristóteles não sabia, Tomás de Aquino não sabia, Descartes não sabia, Heidegger não sabia...

– O senhor então ficou duas horas seguidas falando, falando, e eu não vou poder anotar aqui no meu caderno qual é a resposta?!

– Não vai. Mais importante é você entender a pergunta sobre o ser do homem... e perceber as perguntas que você está fazendo a si mesma...

– Então quer dizer que eu vou voltar para casa com essa dúvida?

Compreendo a revolta da aluna. Adestrada pela escola desde a mais tenra idade a não levar dúvidas para casa e a não trazer muitas dúvidas para a escola; treinada para responder a todos os problemas e para não criar mais problemas do que o necessário; acostumada a reduzir os problemas a uma única solução e a não questionar solução nenhuma, a aluna desvalorizou sua capacidade de pensar em profundidade. Por consequência, passou a desvalorizar todo pensar que não se encaixasse em uma resposta dentre cinco escolhas oferecidas. A aluna tem horror a reticências...

O professor que reflete (e reflete sobre si mesmo em suas reflexões) não se arvora a ser distribuidor de respostas certas, a posar de especialista em coisa alguma. (Os críticos mal-humorados chegam a dizer que ele é especialista em Nada!) Mas é especialista, sim, especialista em fazer o aluno parar para refletir antes mesmo de começar a pensar. Seja nos primeiros anos escolares, seja na pós-graduação, somos chamados a desempenhar o papel que Sócrates desempenhou perante seus discípulos. Sócrates, o grande mestre do pensamento ocidental, o maior entre todos os professores, cunhou a frase famosa que todos sabem repetir: "Sei que nada sei". Resta-nos, contudo, refletir sobre esse nada, esse deserto, de onde devem emergir nossas ideias...

Sócrates era professor sem sala de aula, sem programas a cumprir, sem listas de chamada, sem preocupações com o vestibular, com os indicadores de qualidade e problemas afins. Limitava-se ao... essencial. Era mestre em humanidade. Não era professor de nada, pela simples razão de querer ensinar tudo o que considerava realmente importante ensinar. E seu ensinar levava a aporias, becos sem saída, a novas perguntas, a novas dúvidas, a problemas sem resposta, a uma consciência mais clara de que mistérios há no viver, e sobre esses mistérios teremos de refletir constantemente...

O pensamento se valoriza à medida que nos faz reflexivos. Uma pessoa reflexiva não se exclui da vida cotidiana nem despreza os desafios diários da vida profissional, da convivência social, dos compromissos, da rotina, etc. Dará atenção adequada aos problemas do dia a dia (questões que estão *diante de mim*, questões que devo olhar de cima para baixo), mas saberá também perguntar a respeito dos mistérios da existência (questões que vou reencontrar *dentro de mim*, questões que parecem me olhar, que parecem procurar meu olhar...).

Os mistérios são metaproblemas. São problemas cujas raízes mergulham em terrenos que ultrapassam os mapas conhecidos. Aventurar-se nesses mistérios vai nos fortalecendo para uma prática intelectual mais rica, mais prudente, mais madura, mais abrangente e generosa.

Então, quando tivermos de encarar e solucionar problemas, deixaremos de ver esses problemas como coisas externas a nós. São externas a nós, certamente, mas podem ser conduzidas a novos patamares. Podem ganhar novos sentidos e novos alcances. A sensibilidade para o mistério nos fará perceber que os pequenos e os grandes problemas possuem, afinal, alguma coisa de misterioso. Ao pensarmos em como solucionar problemas, iremos mais longe e mais fundo. Aquela lâmpada queimada que acabamos de trocar por outra fez o cômodo da casa sair da escuridão. Contudo, a luminosidade não se esgota ali. Nossas ideias, por mais corriqueiras que sejam, são lâmpadas que acendem nossa visão. E sugerem oportunidades de um engajamento existencial maior...

Pensar é organizar... e desorganizar

Quando o pensamento se põe em atividade parece uma coisa de nada, e de repente alça voo, começa a criar conceitos genéricos, abstratos, dos quais podemos nos servir para elaborar juízos, para entender o mundo, as pessoas, a realidade. Para entender e... para agir melhor.

O escritor Julio Cortázar criou dois tipos de personagens: os cronópios, amantes da poesia, guiados pela emoção; e os famas, prudentes, metódicos. O político Eduardo Suplicy é um típico cronópio. Outro político, Geraldo Alckmin, é fama. O educador Paulo Freire era cronópio. Outro educador, Pedro Demo, é fama. Rubem Alves, cronópio. Cristovam Buarque, fama. Com a ajuda de Cortázar podemos organizar um pouco os papéis da existência. Extrapolando, temos alunos cronópios e alunos famas. Para ensinar a uns e outros, convém empregar métodos diferentes. Ou, melhor ainda, adotar outro caminho: deixar que os cronópios tentem emocionar os famas e que os famas tentem disciplinar os cronópios...

Umberto Eco escreveu *Apocalípticos e integrados*. Integrado é aquele que se adapta, que segue as modas, não vai teorizar, consome. O apocalíptico fareja a decadência, desconfia do que a multidão idolatra. O apresentador de TV Luciano Huck é integrado. O dramaturgo Antônio Abujamra é apocalíptico. O educador Maurício Tragtenberg era apocalíptico. Extrapolando de novo, vale a pena descobrir em que momento somos integrados, acompanhando as modas pedagógicas, aceitando com naturalidade o andar da carruagem, e identificar, por outro lado, em que circunstâncias nos tornamos apocalípticos, criticando o pedagogês, anarquizando as diretrizes...

Há outras classificações, que nascem de cabeças pensantes e criativas. Os olhos observam, a mente abstrai e gera conceitos.

Outra categorização está ligada à imagem dos *clowns*, caricaturas vivas do ser humano. Uma distinção clássica menciona dois tipos: o branco e o augusto. O *clown* augusto é o palhaço coadjuvante, o bobão, manipulado pelo *clown* branco, que encarna o "chefe", o sabe-tudo, o intelectualizado.

O branco não brinca em serviço. Mas o *clown* branco acaba demonstrando suas fragilidades, o ridículo que habita em todos nós. E, de repente, o augusto surpreende, mostra-se genial, genialidade que também em todos nós se encontra adormecida. O *clown* branco representa a ordem rígida, o dever. O *clown* augusto é invenção, quebra de rotinas, surpresa. A dupla branco e augusto pode nos ajudar a entender um pouco das relações sociais, as pessoas que se tornam notícia, o modo de fazer mídia, arte, ciência, política, e o nosso próprio comportamento, e a profissão do professor.

Federico Fellini gostava de usar essa chave interpretativa. Para ele, Hitler era um *clown* branco. Mussolini, um augusto. Papa Pio XII, um branco. Papa João XXIII, um autêntico augusto. Freud, um branco. Jung, um augusto. O augusto é sonho, não é sério, arrisca, leva um tombo. O branco está bravo, cobra resultados, impera.

Essa classificação instrumental nos permite ler os papéis que tantos desempenham ou desempenharam na história: o ex-presidente Fernando Henrique Cardoso é branco, o ex-presidente Lula é augusto. Paulo Maluf é branco, Jânio Quadros era augusto. Brizola era augusto, José Serra é branco. Papa Bento XVI é branco, João Paulo II estava mais para augusto. Einstein era augusto. Thomas Edson era branco. Paulo Coelho, augusto. José Saramago, branco. Chacrinha foi o nosso grande augusto. Sílvio Santos é branco. O humorista Jô Soares, branquíssimo. São classificações instrumentais, tentativas, uma forma de compreender aquilo que, para além das nossas intuições e racionalizações, excede enquadramentos.

Sou professor branco ou augusto? Que ideia faço de mim? Que ideia fazem de mim? E por que não ensaiar a conjugação, em mim, entre branco e augusto? Pensar brancamente, passo a passo, argumento puxando argumento, silogismos corretos, conclusões.

E pensar augustamente, a mente de mãos dadas com a imaginação. Formular ideias com rigor e brincar com elas sem pudor...

Organizar e desorganizar. Construir, destruir, reconstruir, e de novo desconstruir, desfazer para refazer... Pensar por conta própria, como se fosse possível pensar por conta alheia... Pensar com seriedade e alegria. A arte de gerar ideias deveria ser a principal disciplina indisciplinada de uma escola. Ou, se preferirmos, a única indisciplina disciplinada de uma escola. Pensar sem pesadume. E sempre as reticências aparecendo para dar o ar de sua graça...

As ideias e o valor da palavra

As ideias que temos nos definem. O que penso sobre os valores confere valor ao que sou. Que ideia temos com relação aos valores? Que ideia temos com relação ao valor de educar? Que ideia temos com relação ao nosso papel de educadores, ao valor do professor? Como não ver o valor da palavra que faz as ideias de valor adquirirem ardor?

As ideias, como os valores, são realidades intangíveis, invisíveis, incorpóreas, imateriais. Mas são reais. E ganham corporeidade quando se transformam em palavras audíveis e legíveis, na fala e no texto. A ideia que se traduz numa frase ou numa palavra desce do impalpável para viver entre nós, no mundo da comunicação. Comunicada, a ideia provoca diversos efeitos. Opera mudanças. Estrutura grupos sociais. Direciona energias humanas. Funda partidos e igrejas. Fomenta greves e guerras. Inspira movimentos. Sustenta esperanças. Alicerça condutas.

Como "objetos" da mente, as ideias gravitam dentro de nós como entidades que precisam exteriorizar-se na linguagem. As ideias encontram-se em processo de encarnação. Tornando-se palavras, penetram em outras mentes, e muitas vezes com o reforço de imagens eloquentes e convincentes.

Um professor queria ajudar seu aluno a pensar no valor da amplitude de visão. Esse aluno era focado. Focado até demais.

Concentrava todos os seus esforços num único interesse. Apostava sua vida estudantil numa única carta. Estar focado em apenas uma coisa pode degenerar em estreiteza. O professor tinha uma ideia a respeito disso. E queria comunicá-la. Precisava, portanto, materializar essa ideia, a fim de que o aluno a apreendesse e, num segundo momento, repensasse sua atitude:

– Você consegue iluminar um único ponto com a perfeição de um raio laser. Sua atenção concentrada é sua força. Mas é também sua fraqueza.

– Como assim?

– Sua luz, se você a difundir como numa lâmpada elétrica, iluminará tudo ao seu redor. Você poderá descobrir outros ângulos da vida. Sua força de concentração é, paradoxalmente, fraqueza, pois o impede de difundir o que você conhece. A lâmpada dissipa a escuridão, alargando o espaço habitável por outras pessoas. Espalhar-se é ampliar seu raio de ação, ampliando ao mesmo tempo as chances de outros se moverem nessa luminosidade.

As imagens da lâmpada e do raio laser partem, respectivamente, das ideias de ampliação e estreiteza. Penetrando na mente do outro, dão existência a essas mesmas ideias. A comunicação se faz. As palavras tornam as ideias visíveis. A contundência de uma ideia depende das palavras e do que estas podem produzir ao redor de quem fala ou escreve.

Neste livro, a ideia do valor do professor está se encarnando a cada página, adquirindo paulatinamente seus contornos, seu perfil, ganhando presença. O valor do professor tem muitas facetas. O professor que possui ideias e sabe materializá-las concretiza um aspecto valioso de seu ofício.

Enfatizar o valor de educar é, em si, uma boa ideia. Quem poderia atacar ideia tão bela... e tão distante em sua etérea beleza? A ideia continuará para sempre bela e distante, se não se transformar em sopro vivo ou letra viva.

Na forma de ideia, a educação está acima dos acidentes e incidentes da vida. Como realidade intramental, está protegida, é perfeita em sua idealidade, inata ou produzida, ali está, intocada. Quando a palavra "educação" começa a circular na materialidade de um discurso falado ou escrito, poderá influenciar a realidade educacional de uma cidade, de um país. E poderá gerar discordância, polêmica, atritos, até mesmo ódios. E muito possivelmente será apedrejada por outras ideias. E nada impedirá que cortem a cabeça de quem, não contente em concebê-la, soube lhe dar corpo.

Em suas origens etimológicas, a palavra "ideia" está associada ao verbo "ver". De fato, a razão vê por meio das ideias. Ou ainda: é nas ideias que a razão vê. Vejo a liberdade ao conceber uma ideia de liberdade. É preciso que a ideia liberdade se encarne na palavra "liberdade". Mas então outra ideia se insinua em minha visão de mundo. A ideia de dependência. Que há de se encarnar na palavra "dependência". Não podemos escapar das dependências, nem devemos abrir mão da liberdade. O professor depende dos alunos: sem alunos, não há professores. Por outra parte, os professores devem viver a liberdade perante seus alunos.

Articular ideias, articular palavras – esse é o exercício do pensar em sua formulação mais simples. Quando uma pessoa passa pela rua falando sozinha, gesticulando às vezes com grande ímpeto, como se tentasse convencer o vento, não está necessariamente mergulhada no delírio. É possível que esteja pensando em voz alta, ensaiando sua fala, argumentando consigo mesma, apenas isso; e as suas ideias, borbulhantes, saltam para o extramental.

Tememos que nossas ideias se percam no labirinto interno das nossas mentes, ideias para sempre trancafiadas, numa espécie de exílio forçado em seu próprio país. Há ideias condenadas à prisão perpétua. Talvez também à solitária. Ideias que definharão com o tempo e ficarão irreconhecíveis antes de desaparecerem. Ou enlouquecerão, ideias fixas e mudas. O ideal é que venham à tona, ganhem sons e cores, textura e altura, calor e, se possível, odor.

Em maio de 2011, a professora Amanda Gurgel, do Rio Grande do Norte, falou em audiência pública na Assembleia Legislativa de seu Estado. (Uma breve pesquisa no YouTube é suficiente para ouvi-la.) Destemida, dando voz a tantos outros professores sem voz, trazendo as ideias para o mundo dos fatos, fez seu desabafo, que não durou nem sequer a metade do tempo malgastado em cada um dos milhares de discursos de muitos políticos daquela e de outras regiões de nosso país. Disse a professora (apenas alguns trechos não foram transcritos aqui):

> Durante cada fala aqui eu pensava em como organizar a minha fala. Porque são tantas as questões a serem colocadas e tantas as angústias do dia a dia de quem está em sala de aula, que eu queria pelo menos conseguir sintetizar minimamente essas angústias.
>
> Como as pessoas sempre apresentam muitos números e dizem que eles são irrefutáveis, eu gostaria também de apresentar um número que é composto por três algarismos apenas, bem diferentes de tantos números que são apresentados aqui com tantos algarismos: é o número do meu salário, R$ 930, com nível superior e especialização.
>
> Eu perguntaria a todos aqui, mas só respondam se não ficarem constrangidos, se vocês conseguiriam sobreviver, ou manter o padrão de vida que vocês mantêm, com esse salário. Certamente não conseguiriam.
>
> Não é suficiente nem para pagar a indumentária que os senhores e as senhoras utilizam para poder frequentar esta Casa. A minha fala não poderia partir de um ponto diferente, porque só quem está em sala de aula, só quem pega três ônibus por dia para chegar a seu local de trabalho é que pode falar com propriedade.
>
> Fora disso, qualquer consideração aqui é apenas para mascarar uma verdade visível a todo mundo: em nenhum governo, em nenhum momento no nosso estado, na nossa cidade, no nosso país a educação foi uma prioridade. [...] Como assim, não vamos falar da situação precária? Gente, estamos aceitando a condição precária da educação como uma fatalidade?
>
> Estão me colocando dentro de uma sala de aula com um giz e um quadro para salvar o Brasil, é isso?
>
> Salas de aulas superlotadas, com os alunos entrando com uma carteira na cabeça porque não têm carteiras nas salas, e sou eu a redentora do país? Não tenho condições, muito menos com o salário que recebo.

> A secretária disse que não podemos ser imediatistas, que precisamos pensar a longo prazo. Mas a minha necessidade de alimentação é imediata. A minha necessidade de transporte é imediata, a necessidade dos alunos de ter uma educação de qualidade é imediata.
>
> Eu gostaria de pedir aos senhores que se libertem dessa concepção extremamente equivocada, e digo isso com mais propriedade do que os grandes estudiosos: parem de associar a qualidade da educação com professor dentro da sala de aula.
>
> Não há como ter qualidade em educação com professores trabalhando em três turnos seguidos, multiplicando seus salários: R$ 930 de manhã, R$ 930 de tarde, R$ 930 de noite para poder sobreviver. Não é para andar com bolsa de marca nem para usar perfume francês.
>
> É para pagar a alimentação de seus filhos, para pagar a prestação de um carro que muitas vezes compram para se locomover mais rapidamente entre uma escola e outra. Não me sinto constrangida de apresentar meu contracheque, porque penso que o constrangimento deve ser de vocês.
>
> Lamento, mas deveriam todos estar constrangidos. Entra governo e sai governo, e o que se solicitam de nós é paciência e tolerância. [...] Não podemos ser responsabilizados pelo caos que na verdade só se apresenta para a sociedade quando nós estamos em greve, mas que está lá todos os dias dentro da sala de aula, em todos os lugares.
>
> São muitas questões mais complexas que precisariam ser postas aqui. Mas infelizmente o tempo é curto, e é isso que eu gostaria de dizer em nome dos meus colegas [...].

Ideias e ideias

Nietzsche dizia que era preciso estudar as misérias dos homens e, dentre essas misérias, as ideias que os próprios homens têm quanto aos meios para combatê-las. Ou seja, há ideias e ideias, ideias valiosas e ideias miseráveis.

Uma ideia valiosa me valoriza, me enriquece. O valor do professor está vinculado ao valor de suas ideias. Investir no pensar valioso é pensar em valores como a coragem, a sinceridade, a oportunidade. Esses valores, entre outros, são pensáveis. São imagináveis. São associáveis a realidades concretas, que a etimologia corrobora.

O coração, sede dos sentimentos e das paixões, bate forte na coragem, e bate forte porque o corajoso sente medo. O desvalor correspondente nós chamamos de temeridade, que consiste em agir sem reflexão, com uma aparente ousadia, que de coragem possui apenas a aparência.

A sinceridade é a pureza. A expressão latina era "*purus ut mel sine cera*", puro como o mel sem cera, isto é, sem aquela secreção de certas glândulas do abdome das abelhas, com que estas produzem os favos. O desvalor correspondente nós chamamos de logorreia, essa compulsão para falar tudo o que pensa, dando vazão ao grande número de ideias que passam por sua cabeça. Trata-se de uma diarreia mental, em que o silêncio, condimento para o bom diálogo, é esmagado.

A oportunidade consiste na capacidade de saber conduzir-se para o porto, para o ponto de chegada, que em geral coincide com o ponto de partida. Aproveitar as ocasiões. O desvalor correspondente nós chamamos de oportunismo.

Esse exercício do pensar valioso nos deixa mais lúcidos, e esta lucidez é, de novo, um valor a identificar e cultivar. A lucidez é a luz da lâmpada interior que, além de iluminar nosso pensamento, produz palavras iluminadoras. Esperamos dos professores palavras lúcidas, com as quais possamos acender outras tantas ideias.

Os sentimentos do professor

O valor dos sentimentos

Nós valemos o que valem nossos sentimentos. E o que sentimos nos sentimentos? Vale fazer uma distinção inicial.

Pois uma coisa é o que sentimos fisicamente, organicamente: prazer, dor, fome, frio, calor... Outra é o que sentimos mais profundamente: fome de amor, tristeza ao ver as dores do mundo, alegria calorosa perante as realidades prazerosas, etc. São dois níveis diferentes, mas que se interpenetram em nossa unidade físico-anímica. O prazer físico e o sentimento de alegria se unem numa só pessoa. De um modo valioso, na melhor das hipóteses, mas por vezes também de um modo desumanizante, se aquele prazer estiver associado e alimentado pela alegria perversa dos sádicos.

Seja como for, é preciso distinguir, contrastar e avaliar. Distinguir sensações físicas, que atuam no âmago de uma pessoa e podem influenciar suas opções, determinar seu destino, e, por outro lado, sentimentos que nascem nesse indeterminado lugar chamado "coração", e afloram, e se manifestam nos rostos, nos corpos, nos gestos dessa mesma pessoa. Na vida docente, sensações e sentimentos tornam essa vida doce ou amarga. Ou agridoce, como o creme de cajá, como o melaço de romã, como um filé de frango ao molho de gengibre e cebola. Sentimentos e sensações que transbordam da vida docente para a vida discente, da vida dos professores para a dos nossos alunos, em mistura, em inesquecíveis manjares educacionais.

A palavra "aluno" provém do latim *alere*, referente à alimentação, ao sustento e ao crescimento. O aluno se nutre das palavras do professor, ou de um livro, ou de um *site*, de um documentário, etc., assimilando e transformando em conhecimento próprio, em luz própria, tudo o que ouve, vê, saboreia e experimenta. Esse processo está permeado de sensações e sentimentos gastrointelectuais. O aprendizado não é insosso, insípido, tedioso, monótono. O aprendizado tampouco é indolor. Não é inodoro... nem inócuo. Não é ou não deveria ser anestesiante. O aprendizado, para valer, para valorizar o professor, deve ser apaixonante e mobilizador. Alunos inapetentes dentro da escola talvez tenham sido levados a essa situação depois de centenas de aulas desenxabidas e maçantes.

Jamais confundamos aprendizado com aceitação obediente às instruções. Instruções transmitidas devem ser ouvidas e colocadas em prática, sem grande envolvimento de parte a parte. Quem é instruído e quem instrui se veem ambos num patamar existencial em que aquela infeliz sentença se perpetua: "Manda quem pode... e obedece quem tem juízo". Essa fórmula está consagrada nas organizações e nos grupos sociais que não refletem, e que repetem, e se repetem. Reformular as fórmulas está fora de cogitação. E nem pensar na possibilidade de uma tragédia! Muito menos de uma comédia! Os instrutores e instruídos querem a rotina, seguem a rota determinada. Doa a quem doer. Ninguém é insubstituível dentro dessa lógica eficaz. Os primeiros serão os primeiros, e os últimos serão... os últimos.

> O valor dos sentimentos consiste em valorizar nossa capacidade de digerir o mundo sob novos aspectos.

O aprendizado delicioso, repleto de surpresas, provoca reações, provoca sentimentos. As instruções não valorizam, em princípio, a relação de uma pessoa consigo mesma ou de uma pessoa com outras. O escritor austríaco Karl Kraus resumiu em poucas palavras como o conhecimento se realiza na relação entre professor e aluno: "Os alunos comem o que os professores digerem". Dizia-o com o conhecimento dos sabores e dissabores dessa ingestão. Quando criança, na escola, Karl Kraus era um aluno de ouvidos bem abertos, que prestava atenção total a cada palavra pronunciada por seus professores e as avaliava em sua originalidade ou em sua banalidade, em sua sabedoria ou em sua insignificância. Essa insignificância estava patente nos lugares-comuns, nos chavões, na linguagem trivial que nos torna terrivelmente desinteressantes.

Os sentimentos valiosos se produzem graças a um sortimento de palavras e situações que extrapolam a trivialidade. No diálogo em sala de aula, partiremos do princípio de que as fórmulas, as verdades, as leis e as instruções devem ser comunicadas e repensadas, apresentadas e reformuladas, explicadas e condimentadas com novos sabores. O pensamento criativo não teme esse movimento, esse vaivém, essas novas experiências. O teólogo Tomás de Aquino, provavelmente com um sorriso discreto, dizia aos seus alunos: "Parece que Deus não existe...". O pensador espanhol Ortega y Gasset recomendava que o professor, ao ensinar fosse o que fosse, ao mesmo tempo ensinasse seu aluno a colocar em xeque o que estivesse aprendendo...

O conhecimento é temperado pelos sentimentos. O valor dos sentimentos consiste em valorizar nossa capacidade de digerir o mundo sob novos aspectos. Abrimos o apetite intelectual de nossos alunos, quando, diante deles, degustamos o conhecimento com renovado interesse. Incentivando-os a saborearem eles próprios o doce, o salgado, o amargo... Que desenvolvam o paladar ao experimentarem novos paladares. Que experimentem, não à força, mas como se fosse um jogo cujas regras ainda estão em construção.

Sentimentos contraditórios

Professores anêmicos, sem recheio e sem temperos... fazem de seus alunos seres anoréxicos. Professores bem-alimentados fazem de seus alunos seres insaciáveis. Se os professores digerem o mundo, com todos os riscos que isso acarreta, demonstram, sem necessidade de longos discursos ou de grandes apologias, que não devemos ter medo de aprender.

Os professores valiosos lembram e repetem com tons de voz diferentes aquela frase latina que Kant tanto apreciava: *Sapere aude!* Isto é, "tenha coragem de saber, de aprender". É uma ousadia para o dia a dia. Mais do que uma instrução a obedecer, é um desafio a encarar e acolher. O instruído sempre se mantém abaixo do instrutor, sujeito a regras que, com o tempo, podem perder a sua razão de ser.

Num certo quartel (essa lenda é contada em várias versões pelos próprios militares), pintaram de branco um assento de madeira. E, para evitar que alguém ali se sentasse e ficasse com a roupa manchada pela tinta fresca, escalaram-se alguns soldados que se revezavam para tomar conta do banco.

A tinta secou, e mesmo assim os soldados continuavam a vigiar o banco. Ninguém se lembrou de cancelar a ordem. Afinal, era preciso manter a ordem! Algumas semanas se passaram, e o comandante que ordenara aquela sentinela cotidiana foi transferido para outra função em outra cidade. Os soldados continuaram se revezando diariamente. Era uma ordem a ser cumprida! O novo comandante, meses depois, mandou retirar o tal banco e não se deu conta de que havia aquela recomendação anexa. Nenhum dos seus subordinados atentou para o fato. Os soldados, seguindo as instruções, dirigiam-se ao local todos os dias e ali ficavam, fizesse sol ou chovesse, vigilantes, silenciosos, compenetrados.

Dois anos depois, um soldado perguntou, ao que vinha rendê-lo, por que tinham de vigiar aquele local todos os dias. Porventura alguma ameaça rondava o quartel naquele setor? Aquele setor era talvez estrategicamente importante para a defesa do quartel ou do país? Haveria algum motivo secreto para que ninguém dissesse a troco de que precisavam de sentinelas ali, justamente ali? O soldado que chegava não soube responder. E a dúvida morreu ali mesmo.

Ao longo dos anos seguintes, soldados, oficiais e comandantes se sucederam, e ninguém mais perguntou nada. Até que um general, visitando o quartel para inspeção de rotina, deparou com um jovem soldado debaixo do sol ardente, tomando conta do vazio:

– O que você está fazendo aqui, soldado?

– Para falar a verdade, general, eu não sei... São ordens.

– Ordens de quem?

– Não sei dizer, general...

Intrigado, o general perguntou ao comandante do quartel o porquê daquele procedimento, e este tampouco conseguiu responder. E a história recebe aqui pelo menos duas possibilidades de desfecho. Numa delas, por segurança e por respeito à tradição, a prática sem sentido de vigiar o vazio continuou valendo. Noutra versão, o general, elogiando a abnegação e a disciplina dos soldados, decretou que estavam todos dispensados de obedecer àquela ordem, mas não quis apurar mais nada, e tudo ficou por isso mesmo.

O sentimento de estranheza foi sufocado pela consciência do dever. Esse sentimento poderia ter se transformado em desafio, mas desafios abalam as estruturas e as instituições, geram mudanças, alteram hábitos arraigados, parecem atrapalhar o andamento correto das coisas. No entanto, é preciso saber as causas, os motivos, as finalidades, os porquês, os para quês, e é preciso, enfim, aferir e conferir os valores. O ato automatizado de venerar estruturas para além do razoável é agir contra a razão dos sentimentos... razões que a própria razão reconhece e aprova!

A tranquilidade da obediência cega e impensada às regras, aos mandatos, sejam eles quais forem e tenham sido criados e impostos por quem quer que seja, trabalha contra o livre aprendizado. O preço dessa paz é a pobreza do conhecimento. O resultado dessa ordem assegurada é uma imaturidade com graves desdobramentos. Já o aluno desafiado a aprender, a perguntar pelo sentido das regras, não sentirá a alegria do comodismo (alegria em vias de apodrecer...), não sentirá a alegria do definido e do assegurado, mas em compensação estará livre também daquela tristeza que Leonardo da Vinci identificava na vida dos discípulos que não superam seus mestres.

O sentimento de estranheza não vem sozinho. Une-se ao da insegurança. Faz parte da autovalorização do professor, do ponto de vista da educação sentimental, não impedir que aflorem a insegurança e a estranheza. Não devemos camuflar o medo da solidão, o temor pela opinião alheia, o receio de fracassar, de decepcionar... Esses sentimentos são reais e estarão presentes e atuantes na luta pela afirmação individual, pela afirmação profissional. São ingredientes do amadurecimento. Ao menos dois valores estão em jogo aqui: o valor da individualidade e o da liberdade. Estranhar certas coisas é não se confundir mais com aquelas coisas. E, portanto, é reconhecer a singularidade como marca pessoal.

O aprendizado é um processo pessoal. Que requer, na outra ponta, um ensinar pessoal e personalizador. Aprender é interessante. Aprender coisas interessantes é interessante. Contudo, é preciso que o interessado se interesse pessoalmente por tudo isso, se envolva, sofra, goze, fique preocupado, fascinado, alarmado. O sentimento de estranheza está na raiz do aprendizado renovador. À medida que cada pessoa vai criando o seu sistema de ideias e convicções, vai também se diferenciando do todo. Vai se destacando do amorfo, do estereotipado, do mundo-clichê. Já não sente as mesmas coisas do mesmo modo. Não diz as mesmas coisas do mesmo modo. Singulariza suas reações, porque singularizado se sente.

Quem ousa aprender está sempre disposto a repensar o pensado, a reformular as fórmulas, e também a criticar as críticas e a rebelar-se contra as rebeldias. E está disposto a se tornar autoeducador. Não se trata de eliminar o outro, declarar-se independente com uma independência total, sem vínculos, sem companhias ou parcerias, mas sim de aprender *pessoalmente* com o outro, em quaisquer circunstâncias, preservando o direito (e o dever) de pensar e agir com liberdade.

O aprendizado criativo é fruto de uma opção. Podemos fomentar em nós mesmos sentimentos que renovem nossa maneira de aprender... e de ensinar. Meus melhores professores nem sempre foram grandes professores. Meus piores professores foram ótimos, porque me ensinaram como não fazer. Podemos aprender a valorizar o que é certo, sentindo na pele e na alma o que há de equivocado e duvidoso. Um desses meus piores/melhores professores reagia com voz insolente quando alguém lhe perguntava:

– Professor, posso fazer uma pergunta?

– E por acaso essa pergunta vai contribuir?

– Bem... não, professor, pensando melhor... não vai. Esquece... deixa para lá...

Sentimentos contraditórios convivem em nós. Lutam entre si. Tiram o nosso sono. Ora fomentamos uns, ora somos dominados por outros. Temos dentro de nós sentimentos artísticos e sentimentos neuróticos. Os sentimentos artísticos valorizam nossas energias criativas e nos ajudam a orientar essa energias para encontrar/produzir beleza, sentidos, verdades. Os sentimentos neuróticos inibem o que temos de melhor, sussurram em nossa mente frases de desânimo ou desespero. Impulsos artísticos e atitudes neuróticas fazem de mim este ser incompreensível, contraditório, capaz e incapaz, corajoso e medroso, malicioso e ingênuo, tolerante e intolerante, conservador e vanguardista, burocrata e anarquista, desiludido e idealista.

Educação sentimental

Os sentimentos constituem uma dimensão da vida em torno da qual a própria vida se valoriza ou se deteriora. Sentimentos são inevitáveis. Mas podemos nos educar sentimentalmente. Sentimentos são inevitáveis, mas não necessariamente incontroláveis. Os sentimentos podem nos paralisar. Ou nos mobilizar. Sentimentos de indignação, por exemplo, se a indignação é justa, conferem dignidade a quem se indigna. Se eu, ao contrário, permaneço apático diante de coisas indignas do ser humano, perco valor como ser humano e me torno indigno...

A educação sentimental é uma educação artística. Nossos sentimentos estão todos trabalhados e dramatizados em todos os romances, contos, poemas, em todas as peças de teatro, em todos os quadros, esculturas, instalações, em todas as canções, em todas as composições musicais, em todas as danças... Em todas as manifestações da arte, o verossímil, ainda que pareça impossível, tem o poder de nos cativar e de nos fazer experimentar amor, ódio, tristeza, raiva, alegria, compaixão, medo, entusiasmo...

> A arte reflete a nossa sensibilidade, mas de um modo indireto e sempre com a nossa colaboração.

Experimentar pela arte e na arte esses sentimentos reais, nossos, mas intencionalmente exagerados (para ficarmos apenas na literatura, recordemos a paixão radical entre Romeu e Julieta, a depressão mortal de Gregor Samsa, a atitude de Bartleby que prefere não fazer, não mudar e não agir, as hesitações metafísicas de Riobaldo Tatarana, as ansiedades de Macabéa...), reexperimentar esses nossos sentimentos pela via artística é educar-nos para reconhecê-los, saber como "funcionam" e vivenciá-los outra vez com nova consciência. Podemos nos espelhar nas obras de arte e contemplar nossos sentimentos ali, em conflito, gloriosos ou ridículos, vertiginosos, arrebatadores. Essa é uma das funções formativas da arte: refletir a realidade, fazer com que a encaremos indiretamente, mas não com menos contundência.

A arte reflete a nossa sensibilidade, mas de um modo indireto e sempre com a nossa colaboração. Alguns artistas e teóricos da arte se referem à técnica do correlativo objetivo, com a qual se apresentam na pintura, na literatura, na escultura, imagens e objetos, situações e acontecimentos capazes de evocar de forma incisiva realidades emocionais naqueles que entram em contato com um poema, uma tela... Em outras palavras, as obras artísticas objetivam as impressões subjetivas do criador e, quando chegam ao leitor, ao apreciador, este deve atuar como cocriador, resgatando para si, visualizando para si e por si, recriando, com sua própria subjetividade, sensações, sentimentos, lembranças, esperanças, ensinanças...

Tornar visíveis e reconhecíveis os sentimentos. O trabalho é bidirecional, como todo trabalho educativo. É sempre um encontro... como encontro é toda relação entre quem aprende e quem ensina. Temos ações que vêm do artista e ações que nascem em mim. Os olhares se encontram na obra. O olhar criador do artista e o meu olhar cocriador, que vai permitir um desencadeamento dentro de mim. O que está encadeado? Sentimentos aprisionados, mal-alimentados, maldimensionados, maldirecionados. Quantos sentimentos na vida docente! E quantos ressentimentos também... Tudo isso deve vir à tona.

Como na imagem (excelente exemplo de correlativo objetivo!) utilizada por Jesus em suas palestras/parábolas: os pescadores recolhem do mar a rede de pesca e, nesse arrastão, trazem peixes de "todo tipo", de todas as espécies, peixes grandes, médios, menores, bons e ruins, e tudo aquilo que há no fundo do mar e pode entrar na rede. A arte é essa rede aberta e devoradora. Não é uma rede qualquer. No texto evangélico em grego, a palavra para "rede" é *sagènè*, indicando uma rede ambiciosa, abrangente, que se abria em semicírculo ao lado do barco para alcançar o máximo possível das águas. Tal rede recolhe no oceano da interioridade humana tudo o que "nada" ali dentro: paixões, sentimentos, taras, utopias, delírios, sonhos, pesadelos, saudades, intuições, confusões...

Mas a seguir é imperioso fazer uma triagem. Os pescadores da parábola puxam a rede, trazem para a superfície tudo o que há. E depois iniciam a análise, operam a seleção, realizam escolhas. O mesmo com relação aos sentimentos. E aqui entra em cena a segunda função da arte.

Essa segunda função é permitir que reflitamos sobre o nosso reflexo e possamos forjar a realidade, direcionar os sentimentos. Os sentimentos que experimentamos na prática docente são inúmeros e contraditórios, porque também pejada de contradições está a realidade, às vezes mais inverossímil do que um romance ou um filme. A arte denuncia e revela os sentimentos humanos no contexto multivariado da vida. Cabe-nos fazer a leitura criativa.

E leitura atenta, lenta (mas não sonolenta!), como experiência senciente, sentimental e pensante, criando conexões entre imagens, sonoridades e metáforas. Como leitores atentos, mergulhamos no que a arte trouxe dos mares e dos ares, permitimos que as imagens penetrem em nossa imaginação, que os sons passeiem em nossa mente, que as emoções transbordem em nosso coração, que as metáforas atuem sobre nossa visão de mundo. E por isso aprendemos e sentimos coisas novas.

A arte nos leva de volta para o cotidiano de forma inusitada. É o paradoxo da poesia como fuga... em direção à realidade, como brincava Mario Quintana. Entramos na arte e, em vez de perder o rumo, reencontramos o caminho de volta.

O corpo de uma obra de arte nos ensina a colocar nosso corpo dentro da realidade, a colocar os dois pés no mundo, a ver, ouvir, tocar e degustar o mundo. Para a arte, nada é imundo no mundo. A arte abre nosso apetite para conhecer, sentir e viver mais intensamente.

O poeta (e também professor) Affonso Romano de Sant'Anna, no seu livro *Textamentos* (de 1999), faz textos e testamento se fundirem, e um dos poemas se chama precisamente "Aprendizados":

> Uns aprendem a nadar
> outros a dançar, tocar piano,
> fazer tricô e a esperar.
> Na infância cai-se
> para se aprender a andar,
> cai-se do cavalo e do emprego
> aprendendo a viver e a cavalgar.
> Em alguns aprendizados
> chega-se à perfeição.
> Em alguns.
> No amor, não.

O poema nos assegura que o ser humano é perfectível. Multiplica as imagens, os exemplos, as ações: nadar, dançar, tocar piano, tricotar, esperar, andar, cavalgar, trabalhar. Conseguiremos atingir a excelência, a *expertise*, em certas atividades, destacando-nos na vida profissional, no campo artístico, na prática esportiva. Trata-se de um longo trajeto, em que as quedas acabam se tornando boas lições, impulsos para acertar. No aprendizado amoroso, porém, seremos sempre imperfeitos. O aprendizado sempre incompleto na arte de amar não elimina nossa capacidade de aperfeiçoamento. O amor é exceção que confirma nosso desejo de perfeição. Essa limitação é positiva, na medida em que contrasta com a infinitude do amor, sentimento dentre todos o mais complexo e o mais desejado, o sentimento mais terrível dentre todos, o que nos traz mais alegrias e mais sacrifícios! Nas provas de amor seremos constantemente reprovados. E teremos de refazer essas provas, cada vez mais exigentes e sutis.

Piaget esfaqueado!

Era uma vez um monge. E ele decidiu construir um barco. Encerrado em seu mosteiro durante semanas, escolheu o tipo de madeira a ser utilizado, calculou as proporções do barco, a altura do mastro, o tamanho das velas, e no pátio do mosteiro terminou de montar o barco. Levou-o à praia e empurrou-o até que entrasse na água. E assim que entrou no mar... o barco vacilou, as ondas foram deglutindo o indefeso artefato, e em poucos minutos o barquinho foi a pique. Perplexo, o monge começou a gritar: "O mar está errado! O mar está errado!".

O monge não aceitou a realidade do mar, nem antes nem depois de construir o barco. Imaginou um barco, idealizando o mar. Algo semelhante acontece com nossas teorias educacionais e nossas intenções didáticas. Ideias para uma educação perfeita podem acabar no fundo do mar. Planejar e organizar é necessário, mas que a idealização não despreze a realidade. Temos de nos conectar sentimentalmente com a realidade. Mesmo sem entendê-la... precisamos amá-la.

Olhando o mar real (às vezes revolto, às vezes tranquilo, sempre enigmático), a melhor maneira de conhecê-lo é não enquadrá-lo em normas externas e arbitrárias, nem tentar prever, com arrogância, todas as suas possíveis reações. Jamais dará certo. O mar, como a realidade, está aberto para a navegação. Mas, como a realidade, é indomável, transborda, possui uma ampla margem de imprevisibilidade.

Falta sensibilidade apurada a quem tenta aprisionar o mar dentro de um aquário ideal. Para navegarmos de verdade não subestimemos a grandeza e a força do mar. Temos de aprender a não prendê-lo em perigosos esquemas perfeccionistas.

A novela policial *Corrida selvagem*, do escritor britânico J. G. Ballard, é uma antiutopia educacional. Escrita no final da década de 1980, retrata uma experiência pedagógica extrema, destinada ao bem-estar absoluto, mas com desfecho infeliz. Um grupo de intelectuais, professores e profissionais liberais criou um condomínio confortável e luxuoso a oeste de Londres, onde pretendiam educar seus filhos com maximização do que há de melhor para crianças e jovens: ambiente protegido, convivência pacífica, boas leituras, vida familiar, estudo intenso, alimentação correta, esporte saudável, etc. Tudo programado para dar certo. Lugar ideal, condições ideais, orientação segura para que 13 crianças e adolescentes se tornassem cidadãos perfeitos.

Certa manhã, porém, os adultos aparecem mortos. Foram todos assassinados. Os filhos desaparecem, e a polícia trabalha com a hipótese de um supersequestro. O tempo passa, ninguém exige resgate algum. Não há pistas que levem aos autores do massacre. O psiquiatra forense Richard Greville pretende decifrar o enigma. O assassinato dos 32 moradores, descobre mais tarde, foi realizado pelos próprios filhos, confinados naquela ilha social de excelência.

Num primeiro momento, a experiência produziu indicadores de sucesso. Analisando-se fotos e vídeos, via-se...

> [...] um grupo de jovens simpáticos e talentosos, bem-sucedidos na escola e com uma ampla gama de interesses ao ar livre que incluíam natação, asa-delta, mergulho e salto de paraquedas.

Todas essas atividades, porém, observou o psiquiatra, pareciam indicar outra coisa: uma vontade louca de escapar, de se livrarem de suas vidas maravilhosas, primorosas, controladas, vigiadas...

Presos naquela redoma de ouro, os jovens perderam o contato com o real. Suas mentes entraram na loucura como forma desesperada de encontrar a liberdade. Foi o próprio regime de vida perfeita que efetuou uma espécie de lavagem cerebral nos adolescentes. A tolerância infinita e os cuidados extremos dos pais provocaram o contrário do que esperavam.

O cotidiano regulamentado em cada detalhe impedia a autoexpressão das crianças, apagava suas emoções, desarmava sua espontaneidade. Tudo previsto e direcionado. O resultado foi deflagrar uma corrida selvagem para fora dos limites ideais, na forma de um crime perfeito.

As dez famílias da história idealizaram uma forma de educar em que as crianças estavam sempre envolvidas em atividades louváveis, mergulhadas num clima de bondade total, de harmonia forçada. O condomínio ideal se assemelha ao barco do monge. É uma construção teórica perfeita, mas desvinculada da realidade das crianças e dos jovens. A estes não era mais permitido escolher o que já não estivesse definido. Não lhes era permitido nem escolher nem falhar.

Aqueles filhos tinham pais zelosos, conscientes e intelectualizados. No entanto, apesar disso... ou por causa disso, sentiam-se profundamente infelizes. Sentiam falta de uma coisa imperfeita e problemática chamada vida real:

> As crianças estavam desesperadas pela brutalidade das emoções de verdade, por pais que, de vez em quando, as desaprovassem, ficassem aborrecidos e impacientes, ou mesmo não as entendessem. Precisavam de pais que não se interessassem por tudo o que faziam, que não tivessem medo de se irritar ou chatear com elas e não tentassem governar cada minuto de suas vidas com a sabedoria de Salomão.

Entre as pistas que poderiam permanecer indecifráveis havia o exemplar de um livro de Piaget esfaqueado, mutilado. Não se menciona o título exato. Ballard diz que se tratava de um "texto clássico de Piaget sobre a educação de crianças". Piaget, aqui, foi escolhido como símbolo da pedagogia (um correlativo objetivo) que sabe exatamente como as crianças "funcionam" e que, portanto, em tese, conhece também os melhores procedimentos a adotar para que tudo transcorra a contento. Tal conhecimento, porém, pode ser contestado pela vida.

Seja Piaget ou outro autor, tenhamos ou não nos identificado com os pais da novela de Ballard, desejosos da educação perfeita, a ficção faz um alerta silencioso, que a leitura das entrelinhas saberá captar. As crianças da novela foram tratadas como objetos do pensar pedagógico. Objetos de uma experiência que, em princípio, estava impulsionada pelas melhores intenções do mundo. Aí reside o perigo de uma pedagogia convencida do que é bom para os outros!

Não há dúvida de que somos perfectíveis. Todos desejamos ser melhores, crescer, desenvolver capacidades, aprender mais, aproximar-nos da plenitude. O problema está em construir um mundo artificial (e, afinal, desumano), sob o pretexto de modelar seres ideais. Os seres humanos reais não cabem em lugares perfeitos. Lugares ideais, onde o ar é rarefeito, são simplesmente sufocantes!

Por uma educação fantástica

Não me refiro a uma educação que só existe em nossa fantasia. Uma educação sem problemas e conflitos, depurada de tudo o que incomoda na dura realidade. Uma escola feita de sonhos. Uma escola bucólica, sem sinais de *bullying*. Uma escola de conto de fadas. Uma escola em que imperassem a pontualidade e a limpeza absolutas. A alegria e a paz. A harmonia e o amor. Professores serenos, alunos brilhantes, pais interessadíssimos. Não é nessa educação fantástica que estou pensando.

Também não me refiro a uma educação fora do comum, extraordinária, prodigiosa. Uma educação que "arrebentasse a boca do balão". Professores que fizessem o milagre da aula perfeita. Alunos geniais que estudassem tudo e ainda se esmerassem para além do obrigatório. Uma escola de ponta. Onde todo mundo lesse todos os livros de ponta a ponta. E todos tivessem a resposta certa na ponta da língua. Educação em ponto de bala!

Tampouco educação fantástica seria aquele projeto extravagante, bizarro, cheio de originalidades que nos deixassem perpetuamente perplexos. Professores super-heróis, professoras transformadas em mulheres-maravilha, todo mundo sobrevoando currículos, grades e parâmetros. Aulas sobre temas do outro mundo. Alunos excêntricos, superdotados. Uma escola que seria um centro de cultura transcendental, voltada para o século XXV!

Nada disso. A educação fantástica em que estou pensando é a educação que temos aqui e agora. Na esquina, no bairro. Mas que pode ser vista e vivida de outro modo. De um modo fantástico. Tentarei explicar o fantástico dessa educação com a ajuda do escritor Murilo Rubião, considerado por muitos o "Kafka brasileiro".

Quando concebo a educação fantástica, não me distancio do dia a dia. O fantástico da educação real está em continuar sendo real, visível, reconhecível, na qual nossos sentimentos se entrecruzam em cardumes multicoloridos. Professores de carne e osso, alunos interessados, ou dispersivos, ou apáticos, ou intratáveis. Educação com altos e baixos. Escolas boas, escolas ruins, escolas médias, aulas horríveis, aulas excelentes, aulas medianas. A realidade já é fantástica!

Nos textos do escritor mineiro Murilo Rubião, o estranho e o sobrenatural não são coisas estranhas e sobrenaturais. Fazem parte do mundo. O absurdo é componente natural da realidade.

Num dos seus contos mais conhecidos, "Teleco, o coelhinho", o encontro entre narrador e Teleco transcorre com naturalidade. Essa naturalidade é espantosa de tão natural que é. O coelhinho se aproxima e pede um cigarro. O narrador se comove com a polidez daquele coelhinho cinzento, cujos olhos estão cheios de mansidão e tristeza. Em poucos minutos entram em sintonia, tornam-se grandes amigos. O narrador, que vive sozinho, convida o coelhinho abandonado para morar em sua casa. E o animal falante faz suas perguntas e ponderações:

> – Por acaso, o senhor gosta de carne de coelho?
> Não esperou pela resposta:
> – Se gosta, pode procurar outro, porque a versatilidade é o meu fraco.

> Dizendo isso, transformou-se numa girafa.
> – À noite – prosseguiu – serei cobra ou pombo. Não lhe importará a companhia de alguém tão instável?
> Respondi-lhe que não e fomos morar juntos.

A verdade literária é que todos somos instáveis, contraditórios, mutantes. E versáteis. Coelho, girafa, cobra e pombo são diferentes possibilidades de um mesmo ser. O perfil do aluno é apenas um contorno, uma notícia concisa, a visão limitada da complexidade que habita uma pessoa.

Educação fantástica consiste em perceber, sem fazer disso motivo de escândalo, que cada pessoa tem mais de uma face. E tem lá as suas fases, seus momentos, seus altos e baixos. E diz frases contraditórias, assumindo a esperteza de uma cobra, a rapidez de um coelho, a altivez de uma girafa ou a ingenuidade de um pombo.

Os alunos são fantásticos porque são todos diferentes e escapam das avaliações padronizadoras. Não é fantástico ver um aluno excelente em uma ou duas disciplinas, bom em outras duas, medíocre em várias e, numa terceira, pura nulidade? Fantástico e totalmente natural. Estranho mesmo é que não saibamos lidar com a realidade.

Não faltam exemplos de alunos fantásticos. O genial cientista sueco Carlos Lineu (século XVIII) era visto como aluno fraco, que ainda por cima fugia das aulas para observar plantas. O naturalista Charles Darwin (século XIX) foi considerado um aluno com raciocínio lento ("travado", diríamos hoje), porque não acompanhava a evolução das aulas! O escritor alemão Thomas Mann, ganhador do Nobel de Literatura em 1929, era apontado como um mau aluno – desprezava os professores e vivia lendo o que bem entendia. Jean Gabin (século XX), um dos maiores atores do cinema francês (deu vida ao comissário Maigret nos filmes baseados na obra de Georges Simenon), era tachado de mau aluno durante a adolescência. O escritor Graciliano Ramos tinha uma "reputação lastimosa" na escola, ele próprio afirmava. Menino calado, retraído, pensavam os professores que era um "quase idiota". O inesquecível sambista e ator Adoniran Barbosa ia estudar a contragosto. Foi expulso do grupo escolar no terceiro ano primário!

Na área da educação brasileira contemporânea, professores fantásticos fizeram feio na escola porque não havia espaço para uma compreensão menos intelectualizada: Carlos Rodrigues Brandão, doutor em Ciências Sociais e poeta – "até perto dos 18 anos fui um típico mau aluno carioca" –; José Santiago Naud, cofundador da Universidade de Brasília – "fui um mau aluno [...], uma vez reprovado em latim e três em filologia" –; Rubem Alves, mestre de tantos professores, repete em livros e palestras, com todas as letras, que foi um mau aluno.

Em outra de suas histórias, "A cidade", Murilo Rubião fala de Cariba, único passageiro de um trem que, inexplicavelmente, parou numa estação e não prosseguirá viagem. Cariba é obrigado a descer. Dirige-se ao povoado mais próximo em busca de informações. Pergunta aos habitantes que encontra pelas ruas qual o nome da cidade, se é cidade nova ou velha, quem manda no município... Ninguém lhe responde nada.

A polícia vem prendê-lo. Empatia zero! Recai sobre ele a acusação de fazer muitas perguntas. Estranhas perguntas. O delegado ouve as testemunhas. E formaliza a prisão pelo crime de "exagerada curiosidade".

Quantos alunos fantásticos, curiosos demais, sensíveis, olhos abertos para o mundo, não têm espaço para suas perguntas inconvenientes!? E ficam presos na cadeia do tédio. Como Cariba. Que não sabe se um dia será libertado. Caminha de um lado para outro da cela, perguntando a si mesmo, assombrado, como foi parar ali!

As leituras do professor

Olhai os livros na estante!

Nós, professores, precisamos de livros para ampliar nosso repertório, para atingir e cultivar intimidade com a linguagem, para ter conhecimento do patrimônio pedagógico acumulado ao longo dos séculos, para trabalhar a palavra com amor, falar e escrever com maestria.

E, de tanto contemplar os livros que guardo em meu escritório, de tanto refletir sobre sua magia, senti a irresistível vontade de fazer, como no passado mais remoto, com ou sem perdão da palavra, um sermão. O Sermão da Estante:

Professoras e professores...

Olhai os livros por um instante! Pensemos com carinho nesse objeto subjetivo, nessa fonte da eterna inquietude, nesse microuniverso feito de papel e letras.

Olhai os livros nas estantes dos sebos, contai os livros nos dedos, amai os livros inteiros, amontoai os livros no quarto, na sala, no vosso banheiro!

Olhai os livros e vede: não falam nem ouvem, e no entanto vos tornam mais eloquentes e mais atentos ao mundo que os cercam.

Olhai os livros e vede: não cantam, não voam, e no entanto fazem o leitor espantar os males, sobrevoar terras e mares.

Olhai os livros na estante e escolhei os que intensificam a vossa personalidade.

Olhai os livros e comprai os que podem trazer poesia para a prosa do vosso dia a dia.

Olhai os livros num canto, à espera de serem "ligados" pela nossa inteligência e imaginação.

Olhai os livros enquanto há tempo, pois chegará um tempo em que poderão se esgotar.

Olhai os livros abandonados e esquecidos, os livros menosprezados, empilhados no escuro, por cupins corroídos.

Olhai os livros em paz, mesmo que estejamos em guerra.

Olhai os livros apocalípticos, os poéticos, os livros que nos alegram ou deprimem, os livros que nos livram de todo mal.

Olhai os livros na estante, esse artigo de primeiríssima necessidade!

Olhai os livros eletrônicos, biônicos, supersônicos, digitais e até imateriais!

Olhai os livros e vedes são eles que vos dão uma voz mais límpida.

Olhai os livros e vede: são eles que vos fazem olhar a realidade com mais inteligência, os alunos com mais interesse e a vós mesmos com muito mais responsabilidade.

Quem lê vê.

Goethe dizia que o ouvido é mudo, que a boca é surda, mas que os olhos podem ouvir e falar. O professor tem os olhos treinados para expressar a beleza das coisas, organizar o caos e dar sentido ao disperso ou ao que parece incoerente e absurdo.

O analfabetismo puro e simples é uma das preocupações mais vivas dos professores, mas ele é mais fácil de erradicar do que o analfabetismo funcional, que nos impede de ver o que há de pior no analfabetismo de quem já tem diplomas. O analfabetismo funcional, para além dos textos, impede que nossos olhos apreendam a essência, a estrutura, a emergência, a exuberância da realidade circundante.

O pior analfabeto é aquele que sabe ler... mas não sabe ler o que lê. Não "funciona" como leitor.

É aquele que lê... mas não entende o que não está escrito.

É aquele que lê... mas não entende a ironia, o paradoxo, a insinuação, a hesitação intencional, os mil recursos da engenhosidade humana para dizer sem dizer.

Por isso, o professor não pode ser apenas um alfabetizador que alfabetiza.

Isso é muito, mas é muito pouco!

Devemos promover a superalfabetização. Como professor, quero aprender e ensinar a leitura de todas a mais radical: a leitura das entrelinhas, a leitura do invisível.

Quero ler o silêncio no momento do estrondo.

Quero ler a verdade na mentira.

Quero ler o sim que desponta num não; o não implícito num sim.

Quero ser um superalfabetizado para criar superalfabetizados.

A superação é o desafio do futuro. De todo futuro. O ser humano precisa superar o ser humano. O professor precisa superar o professor. O eu que sou tem de superar o eu que já era... E, para isso, precisamos ser leitores que olham os livros na estante e depois os assimilam como forma de aprimoramento.

Leitura viva

Se nós somos aquilo que lemos e lemos aquilo que somos, saberemos ensinar aquilo que lemos e aquilo que está para além daquilo que lemos!

Não posso conceber um professor que não leia muito, que não leia com obsessão, com interesse, e que não recrie a leitura que fez.

Precisamos compreender (e praticar) a leitura como uma arte para, depois, pragmaticamente, despertarmos o prazer da leitura entre os alunos. Precisamos compreender como se aprende a ler e o que há de fantástico na leitura para reeducarmos leitores fracassados e fazê-los alcançar a leitura eficaz. Precisamos compreender cientificamente o ato da leitura para orientarmos as famílias, lugar natural em que nasce o amor ao livro, à língua e o desejo de ler, a um preço justo.

> O livro também pode melhorar quando cai nas mãos de um bom leitor.

Ler e fazer da leitura um ato de preparação remota para a improvisação viva dentro da sala de aula. Uma leitura viva, benfeita, que faz o leitor crescer... e que também faz os livros crescerem juntamente com seus leitores!

Os medievais afirmavam que um livro bem lido *cum legentibus crescit*, isto é, cresce com aqueles que o leem. Uma ideia enigmática que vale a pena aprofundar.

De fato, costumamos associar a necessidade da leitura ao aprimoramento do leitor: quem lê comunica-se melhor, domina a estrutura do idioma, constrói um SPC, um Sistema Pessoal de Convicções, etc. – tudo isso é inquestionável, e o professor que lê continuamente tem muito mais chances de tornar-se um comunicador exímio, um docente incomparável.

No entanto, o livro também pode melhorar quando cai nas mãos de um bom leitor. O leitor atento sabe despertar os dotes e valores adormecidos do texto, dos quais o próprio autor talvez não tivesse plena consciência.

O texto está ali, à espera de um leitor inteligente, sensível, intuitivo, polêmico, perguntador.

A metáfora está ali, à espera de que alguém a compreenda e a desenvolva.

A rima de um poema está ali, à espera da pessoa que saiba usufruir e reproduzir sua sonoridade.

Uma leitura viva dá vida ao texto e renova a vida de seus leitores.

Mostra João Cabral de Melo Neto num poema em que uma bailarina andaluza, com suas "pernas fortes, terrenas, maciças", trata o chão com firmeza, como um camponês que amacia a terra, cavando-a. Assim também o bom leitor que nós, professores, precisamos ser. Assim também um povo de leitores que nós, professores, precisamos criar.

Mais do que folhear desinteressada e levemente as páginas de um livro, o professor penetra-as com seus olhos e sua inteligência. Com as unhas da curiosidade, cava o terreno letrado em busca de tesouros ocultos, de fertilidades sagradas, de ideias preciosas, de fontes de água pura, de reservas petrolíferas, de informações e conceitos... e nesse momento o livro se torna amável, fértil, rico, valioso, único.

Um professor superalfabetizado transforma um livro num bom livro, um livro bom num excelente livro, um livro excelente num livro inesquecível, explicitando o implícito, revelando a vida oculta que há nas entrelinhas, nas entreletras, na curva de um ponto de interrogação, no silêncio eloquente de um ponto final.

Ler para valer significa elevar o texto, o livro, a palavra lida a níveis de beleza e grandeza que o próprio autor não soube alcançar.

Sem dúvida, existem grandes romances, poemas divinos, contos geniais, mas boa parte dessas qualidades proveio da ação valiosa de leitores que as souberam trazer à tona.

Nós precisamos ser esses leitores e ensinar nossos alunos a serem esses leitores que melhoram os livros e a si mesmos, que dão valor aos livros... e a si mesmos.

E como aprender essa arte, forte e delicada, de ler verdadeiramente? De ler de um modo vivo, ativo, formativo?

O segredo está em permitir que também os livros extraiam de nós os nossos talentos ocultos.

Permitir que um livro, um poema, um artigo, um texto, de algum modo, leiam-nos, cavem-nos, fertilizem-nos.

Um professor consciente não irá se restringir a ler um pouco nem a ler superficialmente o pouco (ou até o muito) do que lê.

"Uma casa sem livros é uma casa sem dignidade", dizia Cícero sem o menor pudor, e podemos ampliar o pensamento: um professor sem livros – ou que não lê radicalmente os livros que possui – não pode ser considerado um professor professor. Não está preparado para exercer essa profissão com toda a dignidade que ela exige.

Leituras, verdades e mentiras

No seu *A revolta das palavras*, José Paulo Paes conta-nos uma fábula moderna escrita para todos aqueles que têm consciência de um dos mais graves problemas que o ser humano pode enfrentar: a adulteração das palavras.

Querendo ou sem querer, usamos e abusamos das palavras, obrigando-as muitas vezes a dizer aquilo que não dizem.

Num belo dia, porém – um belo dia 2 de abril, logo depois do Dia da Mentira –, no meio das páginas do dicionário, as palavras "verdade" e "mentira" resolveram reunir todas as outras para uma discussão. Precisavam tomar uma atitude contra o mau uso que de todas elas se fazia e faz.

De fato, pessoas sem escrúpulos – defendendo interesses inconfessáveis – chacoalham, sequestram, aviltam, transtornam, manipulam as palavras.

No anúncio, no relatório, no site, no blog, no roteiro ou na revista, dizem que aquele supermercado tem os melhores produtos, e não tem; que tal livro é o mais vendido, e não vende; que esse deputado é idôneo, e nunca foi... ou, ao contrário: que aquela empresa não é boa, e é; que esta mulher não presta, e presta; que tal jornalista é mentiroso, e não é mentiroso...

Verdades e mentiras existem.

As palavras são verdadeiras quando corretamente utilizadas. E as palavras estão no dicionário, à mercê de nossas decisões.

Porque vivemos afirmando e negando coisas. Dizendo que as coisas são ou deixam de ser. Desmentindo e ratificando. Corroborando e argumentando.

Mas quem admite mentir? Quem diz que nunca mente está mentindo de novo.

As palavras se revoltaram, recusando-se a aparecer em contextos errados.

Realmente, é revoltante ver no lugar da palavra "nunca" a palavra "eternamente". No lugar da palavra "não" a palavra "sim" (e vice-versa). No lugar da palavra "ódio" a palavra "amor".

Revoltadas, as palavras passam a dizer a verdade, o que leva alguns industriais, comerciantes, publicitários e políticos ao desespero.

Os professores de valor, que valorizam a linguagem, aderem à revolta das palavras.

Falar e escrever melhor pressupõem a observação lúcida (e lúdica) da realidade, a leitura criativa, o diálogo com os autores e o cultivo de opiniões vivas.

Nietzsche, um dos maiores rebeldes da história da filosofia, comparava as opiniões vivas aos peixes vivos, que precisamos pescar utilizando a técnica adequada, tendo paciência e contando com a sorte. Um texto vivo, uma exposição verbal viva não provêm de estruturas fossilizadas ou, pior, de peixes que boiam no aquário das convicções e exalam o cheiro podre dos lugares-comuns.

O professor que deseja construir uma linguagem nova em folha, uma linguagem valiosa, própria dos que redescobrem a pureza do sexo, a ousadia da gratidão, a aventura do casamento, as exigências do trabalho, a verdadeira função do lucro, o papel da universidade, etc., esse professor necessitará seguir aquele conselho atribuído à escritora Clarice Lispector, que teria segredado certa vez a um amigo: "Todos os dias, quando acordo, vou correndo tirar a poeira da palavra amor".

Todos os dias, como professores, seja na sala de aula, seja na produção de nossos textos, precisamos realizar um trabalho de desempoeiramento das palavras. Salvá-las da rotina mumificadora, da utilização manipuladora, do uso redundante, das miopias que podem distorcê-la, do emprego inconveniente que pode esvaziá-las.

Quando começamos a falar, o primeiro passo consiste, geralmente, em relacionarmos o que os outros nos mostram com o que dizem. Se nos mostram um cachorro e dizem "cachorro", o próximo passo se dará quando conseguirmos dizer "cachorro" (ou algo parecido com o som dessa palavra) no momento em que um cachorro aparecer outra vez.

Há pessoas para quem a aquisição da linguagem é, em grande parte e simplesmente, um acúmulo de palavras que designam conceitos. Passam a vida colecionando termos, expandindo uma nomenclatura que se concentrará em algum campo do conhecimento.

> Devemos ser pescadores de novas palavras – palavras submersas no oceano da realidade.

Um bom advogado, neste caso, será aquele que empregar o maior número de palavras específicas, distinguindo "roubo" de "furto", por exemplo; um bom médico será aquele que dominar o glossário da sua área, uma terminologia, os nomes dos remédios a serem receitados, etc., e puder, numa palestra ou num texto, expor seu conhecimento técnico de modo que seus pares o entendam: "Os diagnósticos das PTC e PPM são efetuados através da anamnese, com ênfase na história ocupacional de exposição a poeiras minerais e nas alterações da telerradiografia do tórax. Quando a elucidação diagnóstica não for possível, recomendo o encaminhamento do paciente para a Unidade Especializada".

Nessa linha, há pessoas que, mesmo não necessariamente vinculadas a uma especialidade profissional, só se sentem à vontade num pequeno mundo linguístico, em que as palavras usadas correspondem aos limites da sua consciência da realidade.

Não há dúvida de que tudo isso tem a sua utilidade. Uma civilização seria impensável e inviável se não houvesse, das esferas científicas às esportivas, das artísticas às empresariais, uma lista de termos que servem como instrumentos para a transmissão de saberes, descobertas, etc.

O fundamental, porém, é não permitir que esses nomes envelheçam, percam sua beleza e criem a ilusão de que, utilizados, suprimem a reinvenção, cancelam a criatividade, substituem novas descobertas, novos saberes...

A tarefa que recebeu Adão de nomear pela primeira vez a realidade que Deus lhe apresentava não pode ficar perdida no tempo. Temos de ser novos nomeadores, nem que seja reconquistando o brilho de palavras já há muito conhecidas e dicionarizadas.

Nomeadores como aqueles que deparam com um inseto desconhecido, com uma estrela até então não localizada pelos telescópios, com algum tipo de fenômeno natural antes inexistente, com uma ferramenta recém-inventada, com um novo instrumento musical, com uma nova modalidade esportiva, com uma nova dança... e precisam batizá-los.

Pensemos, por exemplo, no músico italiano (provavelmente italiano) que, diante de uma flauta de menores dimensões e mais fina, designou-a como "flautino". Uma pequena alteração, a aplicação de um diminutivo, mas que permitiria em terras brasileiras um belo jogo de palavras de Olavo Bilac: "tíbios flautins finíssimos gritavam". (Tíbias flautas jamais gritariam nem soariam tão bem...)

Pensemos como terá saboreado pela primeira vez a palavra "pirarucu" o índio que nomeou o maior peixe de escamas do Brasil. Talvez este que "registrou" o nome e o levou para sua tribo não o tenha pescado fisicamente, mas pescou-o efetivamente para a arte de pescar e para a culinária.

Pensemos também em quem, há não muito tempo, fez a tentativa (ainda sujeita a ser referendada ou não pelo uso) de designar a região que abrange as cidades de São Paulo e Rio de Janeiro com o termo são-rio – uma tentativa linguística que, impondo-se, produzirá interessante fato cultural e político.

Devemos ser pescadores de novas palavras – palavras submersas no oceano da realidade, palavras que quase se afogaram no mar do uso rotineiro, palavras que morreram mas podem reviver ou até transformar-se em novas palavras.

Em grego, surgiu o nome "onomaturgo", o criador de nomes. (A propósito, quem terá sido o brilhante onomaturgo que criou esse nome para si mesmo?) E criador de nomes é também aquele que mantém as palavras vivas, atuantes, que as recria, recreando-se com elas.

Criar palavras, dizia Platão, exige muitíssima coragem. Criá-las e recriá-las exige consciência alerta, sensibilidade poética, autêntica e generosa criatividade.

O ser humano é *Homo loquens*, um ser que fala, que vive mergulhado nas palavras, um criador de palavras, porque não só vê as coisas, mas também é capaz de apreciá-las, compreendê-las, possuí-las espiritualmente, verbalmente.

Quando me refiro às leituras do professor, estou pensando em professores que se tornem capazes de fazer a palavra nova em folha, de cuidar das palavras para que não se deteriorem e de escrever na mente dos alunos (nos "refolhos de cada alma", dizia-se antigamente), como se fosse pela primeira vez, os sinais que iluminam a realidade circundante.

O diálogo em dia

Numa de suas crônicas, Jô Soares recordava as aulas de geografia que teve, aos 11 anos, com um professor que, ao entrar em sala, dizia: "'Hoje nós vamos falar do Brasil', e aí falava, falava e falava do Brasil. Depois dizia 'Vamos falar da idade da Terra', e blábláblá, só falava. Passava a aula de uma hora falando. Não nos dava a menor atenção".

É muito fácil estabelecer um falso diálogo. O monólogo dirigido ao outro parece, mas não é um diálogo. No falso diálogo, a pessoa pode falar-falar-falar, pode até mesmo dizer-dizer-dizer, mas não conseguirá estabelecer a comunicação.

Nós somos, estruturalmente, metafisicamente, seres dialógicos. Na condição humana existe essa inclinação para o outro, para o você, para o interlocutor. Uma pessoa é, por definição, um ser que se relaciona. Mas, por definição, o ser humano é igualmente aquele que tem liberdade para anular-se como ser humano. Não desenvolver minha capacidade de diálogo é não me desenvolver como pessoa.

Uma pessoa que não dialoga é uma pessoa que não quer ser pessoa. É um ser relacional que não quer se relacionar. E quem não se relaciona não se realiza. Dramático, não é?

Até mesmo um livro pode ser escrito, publicado e vendido... sem que o autor dialogue com o leitor. Uma linguagem hermética, uma linguagem voltada para si mesma, uma linguagem não linguagem. Haverá informações? Sim. Haverá utilidade? Talvez. Poderá haver até certo grau de ensinamento e aprendizagem. Mas o autor não deu a menor atenção ao leitor.

Brincando com a famosa frase da famosa Coco Chanel – "existem pessoas que têm dinheiro, e pessoas que são ricas" –, penso que existem professores que têm conhecimento, e professores que ensinam.

A palavra "ensinante" é a palavra do amor. Não existe comunicação sem amor. Amor ao conhecimento e amor a quem se transmite o conhecimento. Temos de tirar a poeira (a poeira grudenta, piegas, sem força) da palavra "amor" e das palavras que transmitem o conhecimento.

O renascimento do conhecimento supõe um renascimento da palavra e do diálogo.

Precisamos dialogar, mesmo que estejamos nesta era do vazio, título de um livro de Gilles Lipovetsky: "A indiferença cresce. E em nenhum lugar o fenômeno é mais visível do que na educação. Em questão de anos, o antigo prestígio e autoridade dos professores quase desapareceu completamente. Hoje, a palavra do Mestre está dessacralizada, banalizada e foi posta em pé de igualdade com o discurso da mídia. O ensino foi neutralizado pela apatia escolar, pela dispersão e pelo ceticismo. [...] A escola, menos do que uma caserna, assemelha-se hoje a um deserto [...], em que os alunos vegetam sem motivação e interesse".

O quadro será tão dantesco assim? Cada um julgue por si mesmo, diante da situação concreta que está vivendo. Da minha parte, daria um desconto de 20%. Se a situação fosse tão catastrófica... não teríamos em que nos apoiar para um novo salto.

Mas que esse vazio existe, existe.

Um vazio que deixa marcas, como no texto que um aluno escreveu num curso de redação que ministrei: "Na primeira série minha professora falou que eu não sabia escrever e que eu era o pior da sala. Desde então comecei a não gostar de Língua Portuguesa". De fato, quem poderia gostar de uma língua usada para matar, nos primeiros momentos, a chance de um diálogo produtivo?

Vazias palavras, vazias de interesse e inteligência. Um vazio que mal preenche nossas aulas. Vazio com o qual precisamos dialogar urgentemente, pois se trata de uma realidade cheia de possibilidades!

Uma boa forma de fazê-lo é ouvir os poetas, que não temem os paradoxos da realidade cheia de vazios. Arnaldo Antunes canta um poema chamado "Fora de si", que tematiza, na violência gramatical, a violência de que porventura nos sentimos vítimas:

> Eu fico louco
> eu fico fora de si
> eu fica assim
> eu fica fora de mim
>
> Eu fico um pouco
> depois eu saio daqui
> eu vai embora
> eu fico fora de si
>
> Eu fico oco
> eu fica bem assim
> eu fico sem ninguém em mim

Como observou o Prof. Pasquale Cipro Neto numa análise que realizou desse poema, o "desarranjo mental tem como consequência um desarranjo sintático. É como se os termos nas frases ficassem girando em falso, sem ligação entre si. Desreguladas, as frases ficam como que sem pé nem cabeça, ou com pé e cabeça trocados".

Quando o eu enlouquecido diz "eu fico fora de si", em vez de dizer "fora de mim", demonstra que realmente está fora de si. Quem, em sã consciência, escreveria, como louco, de modo gramaticalmente correto, segundo a norma culta?

Estamos fora de nós, exteriorizados, perdidos. Não concordamos com nós próprios! O eu sai de si mesmo pela porta dos fundos. Ele está oco, e não é pouco. Ele tem consciência do seu vazio, o que já é um sinal de proximidade da cura!

A loucura estaria numa leitura certinha e rígida. A violência que o compositor fez contra as regras gramaticais são o caminho de uma explicação mais lógica do que a própria lógica ousa aceitar.

O poema é um esforço, no limite do surto psicótico, de estabelecer um diálogo com alguém. Saindo de mim, busco um você insinuado no "erro" em que o pronome pessoal "eu" recebe uma forma verbal que corresponde à terceira pessoa dos verbos "ficar" e "ir": "eu fica", "eu vai".

A solidão no vazio é a grande loucura. Esse "erro", que faz o poeta errar por aí, é o pedido de socorro, é o pedido da correção. Não da mera correção gramatical, mas do reaparecimento do outro, que corrigirá seu desvio como ser humano.

"Eu fica bem assim" é para dizer, talvez, que eu não fico bem assim coisa nenhuma, que eu não me sinto bem assim, preso ao meu "eu", mesmo quando saio de mim.

"Eu fica fora de mim" e "eu fico sem ninguém em mim" é para provocar, talvez, uma reação do outro: "fique comigo". Que ambos entrem num âmbito para porem em jogo tudo o que são. Nesse âmbito não há aqui e ali, dentro e fora, porque houve um encontro, e o encontro nos reequilibra como seres humanos, chamados a ser criadores de âmbitos de convivência.

Se soubermos ler a violência como um gemido, em vez de punir o poeta, transgressor das regras gramaticais, saberemos entender a força de sua mensagem subliminar, o desejo que tem de com ele criarmos um lugar de convivência, lugar do diálogo, da compreensão. De nada vale corrigir o uso do português e deixar intacto o erro muito mais grave da incomunicação humana.

A propósito, sabemos que os erros podem ser lidos de duas formas. Como erros ou como berros que querem suscitar em nós uma nova sensibilidade. Que querem despertar nossa atenção. Os berros de uma criança faminta não são apenas fruto de uma política econômica e social equivocada. Corrigi-la é necessário, mas não suficiente. Outras fomes existem por debaixo das fomes mais evidentes. A política do diálogo não pode faltar, mesmo numa sociedade ideal em que ninguém mais sentisse fome...

Sempre haverá a fome de um diálogo ideal, de uma amizade sincera, de uma convivência desinteressada, como naquela história, ao que tudo indica verídica, que me contaram:

Fim de tarde. Uma senhora vinha pela rua e foi interpelada por um menino com cerca de nove anos de idade:

– Dona, a senhora tem pão velho pra mim comer?

– Mas onde você mora, meu filho? – perguntou-lhe, sentindo muita pena daqueles olhos infantis.

– Lá depois do zoológico.

– É bem longe, hem?!

– É... mas eu tenho que vir aqui pra pedir as coisa pra comer.

– Você está na escola?

– Eu vou, tem dia que eu não vou...

– E seu pai, mora com vocês?

– Meu pai? Xi... ele sumiu quando eu tinha quatro ano...

E a conversa entre dois prosseguiu, até que a boa senhora (que praticou a caridade de não corrigir os "pra mim comer" e os "quatro ano" do menino) lembrou-se do pedido que ele lhe fizera meia hora antes:

– Olha, me acompanhe até a padaria, e eu vou lhe pagar um lanche bem gostoso. Você gosta de bolo?

– Não precisa, não, a senhora já conversou comigo!

O pedido de pão era apenas um pretexto para estabelecer o vínculo, para abrir a possibilidade de um diálogo. E assim atuamos muitas vezes. Falamos de uma coisa para enviar outra mensagem. E torcemos, inconscientemente, para que o interlocutor leia, nas entrelinhas, nossa verdadeira apreensão, nosso verdadeiro pedido.

Essa percepção é necessária em todos os âmbitos da convivência. No relacionamento entre marido e mulher, por exemplo, é muito comum que ela faça queixas num tom veemente (com um leve nervosismo na voz) a respeito de problemas que, para o homem, são questiúnculas práticas que se resolvem com decisões simples. Há um vazamento no banheiro? Chamemos alguém para consertar. O filho está com notas ruins em matemática? Paguemos uma professora particular. O carro está com problemas graves? Procuremos um mecânico melhor ou troquemos de carro.

No entanto, essas soluções rápidas e brilhantes podem irritar ainda mais a esposa, o que deixa o marido perplexo e confuso. Ora, ela não queria uma solução?

Não, ela não queria uma solução. Ela queria um assunto que fosse a chance de externar suas emoções, uma oportunidade para experimentar o grau de empatia entre os dois, uma ocasião para compartilhar sentimentos. Queria ser ouvida e amada como pessoa, e não como funcionária que traz um problema para o chefe resolver. O aluno em sala de aula tem por vezes um comportamento que o professor não sabe interpretar. Sua agitação ou seu sono, seu mau humor ou sua apatia estão enviando sinais que precisam ser lidos pela ótica do amor pedagógico, que é a ótica mais realista a adotarmos como profissionais da educação.

Não há alternativa. Ou encaramos o ser humano como ser dialógico, ou acabaremos julgando-o um ser diabólico, sempre insatisfeito, sempre pedindo alguma coisa e sempre cuspindo no prato em que comeu... para usarmos uma expressão típica de quem, talvez, não perguntou se era aquela comida o que o outro queria comer.

Tudo o que fazemos ou deixamos de fazer, tudo o que quase dizemos ou os desvios do que deveríamos dizer, tudo o que dizemos sem querer e o que deixamos de dizer na última hora, mesmo querendo, são palavras que estamos dizendo.

O problema é saber se encontraremos ouvidos aptos para nos ouvir.

A intercomunicação é contínua na vida e, consequentemente, na vida de uma sala de aula, na vida de uma escola. Os corpos falam, os olhares falam, os silêncios falam, os cadernos falam, os erros de português falam, os erros de matemática falam, as roupas falam. Falam tudo.

O professor de valor, exímio leitor dos livros e das pessoas, tem ouvidos aguçados para captar essa linguagem cifrada. Cultiva a empatia necessária para manter o diálogo em dia – empatia que temos o dever profissional e humano de desenvolver mediante o estudo, a experiência, a meditação, o exercício.

O professor de valor precisa ter sensibilidade para ler o que está por trás das feições de um rosto sempre sorridente, como escreve Rollo May num livro sobre aconselhamento psicológico: "A pessoa que está sempre sorrindo está provavelmente demonstrando um otimismo falso".

Quem agora chora está triste, certo?

Quem agride sente-se seguro, certo?

Quem fala demais sabe muito, certo?

Quem não fala está vazio, certo?

Numa captação superficial, certo.

Numa leitura da vida aberta para o diálogo, a resposta é: "Vamos conversar?"

A linguagem do professor

Vamos conversar...

Valorizar a linguagem é uma forma de valorizar a vida humana, dado que a linguagem é característica fundamental que nos distingue dos demais viventes e sobreviventes deste planeta. Os cães, os gatos, os cavalos, os golfinhos, as baleias, os ornitorrincos, os lagartos, os sapos, os ratos, as baratas, as formigas, as moscas, as abelhas, os carvalhos, os abacateiros, as macieiras, as rosas, as orquídeas, os abacaxis, as laranjas e até as pedras, preciosas ou não, sem dúvida nos dizem muito... Somos os primeiros a lhes emprestar nosso poder linguístico em contos e fábulas.

Quando fazemos os seres não humanos conversarem entre si, somos nós que voltamos a dialogar entre nós somos nós a reaprender o que a linguagem fez e faz de nós e o que podemos fazer com a linguagem. E algo que certamente podemos fazer é nos reumanizar ao ler as falas dos animais humanizados. Os animais humanizados por nós pela via ficcional são caminho privilegiado do aprendizado.

Uma fábula medieval conta que certo caçador resolveu capturar aves que moravam nas grandes árvores de uma floresta. Escondido em seu ninho, o corvo observou aquele homem aproximar-se carregando uma rede e um bastão. O corvo teve medo e pensou com suas penas: "Este caçador traz consigo objetos que eu não conheço, e não sei se estão destinados a mim ou a outros animais; ficarei bem quieto, de bico calado, para ver o que ele pretende e saber como devo me comportar".

O caçador, aproximando-se das árvores, foi deixando pelo chão uma boa quantidade de grãos de trigo. E por ali ficou, meio camuflado entre o verde, parado, atento, em prontidão, quase sem respirar, com a rede nas mãos. Algumas horas depois, pousou uma pomba, e logo surgiram outras, suas alunas e seguidoras. Como estavam morrendo de fome, sem analisar devidamente o entorno, sem a menor prudência, lançaram-se sobre os grãos de trigo. Mal desconfiavam do perigo. Com agilidade, o caçador jogou a rede e as capturou todas num piscar de olhos. O caçador ficou feliz e orgulhoso de sua sagacidade. Dava pulos de alegria e louvava a Deus.

As pombas se agitavam de modo desordenado, cada uma tentando libertar-se da armadilha e voar para uma direção diferente. Era-lhes impossível escapar. A pomba que as liderava pediu para que se acalmassem e lhes disse:

– Não devemos nos desesperar. Todo esforço unicamente individual será inútil. Não haverá salvação, a menos que todas nos unamos num só voo. Uma pomba sozinha não faz libertação. Vamos bater as asas todas juntas e voar ao mesmo tempo para cima. Talvez assim, levando conosco a rede, cada uma se libertará a si mesma, no momento em que lutar pela liberdade de todas.

E assim fizeram. Puseram o plano em prática, saindo do chão todas juntas, carregando consigo a rede, para o alto. O caçador, atônito, começou a correr atrás das pombas. Alimentava a esperança de que não fossem muito longe e, dentro ainda da incômoda rede, por ela ainda envolvidas, perdessem o fôlego e as forças e descessem de novo até o chão. O corvo, que assistia à cena de olhos arregalados, pensou com suas penas: "Vou seguir as pombas e o caçador para ver o que acontecerá, o que fará o caçador e o que será dessas corajosas aves!".

A pomba-líder, ao olhar para trás e ver que o caçador as estava perseguindo, disse às outras:

– Companheiras, o caçador não desiste de sua maldade e vem correndo em nosso encalço. Continuemos voando juntas, com maior velocidade, e vamos agora em direção ao pôr do sol! Para além daquelas colinas, esse caçador dos infernos não conseguirá mais nos acompanhar. E chegaremos à casa de um rato muito amigo meu que poderá roer a rede e nos libertar.

Voando o mais rápido possível, rumo ao pôr do sol, distanciaram-se do caçador, que ficou a ver colinas. Dando pulos de raiva, quebrou seu bastão em dois, amaldiçoou as pombas e voltou para casa de mãos abanando, sem as aves e sem a rede. O corvo, porém, prosseguia viagem, acompanhando as pombas. Seu objetivo era conhecer os meios e as artimanhas das pombas, aprender com elas. Se futuramente algo semelhante lhe ocorresse, teria guardado na memória o *modus operandi* da fuga e da libertação.

Ao chegarem próximas à casa do rato, a pomba-mestra disse que já podiam aterrissar. Todas desceram ao mesmo tempo, em pouso suave e seguro. O único problema era estarem ainda presas na maldita rede. A pomba principal chamou seu amigo, cujo nome era Severino:

– Rato Severino! Você está aí?

– Quem me chama? – gritou o rato do interior de seu abrigo.

– Sou a pomba, sua amiga de longa data!

O rato veio para fora e ficou espantado ao ver aquela cena:

– Minha querida irmã! Quem a prendeu nessa rede com suas amigas?!

– Você por acaso não sabe, caro amigo Severino, que tudo o que acontece conosco neste mundo foi previsto por Deus? Foi por desígnio divino que caímos nesta rede. Foi esse desígnio que me levou aos apetitosos grãos de trigo, ao mesmo tempo que ocultava de meus olhos o caçador e sua rede. Ninguém pode escapar do que vem do Alto, é assim o destino, meu irmão! O sol se põe, a lua muda de aparência, chove e venta, os peixes são caçados em águas profundas, e as aves, em pleno voo. O mesmo desígnio que oferece ao preguiçoso um copo d'água tira do trabalhador um pedaço de pão. Esse desígnio, indecifrável, quis que esta rede nos prendesse!

O rato se aproximou das pombas e começou a roer a rede pela parte em que a pomba-mestra estava presa. A pomba lhe disse:

– Amigo Severino, comece pelas outras, solte primeiro as minhas seguidoras e depois me liberte! Primeiro elas!

O rato não lhe dava ouvidos, nada dizia, apenas roía, e tão somente naquele ponto da rede. Como a pomba, aflita, continuasse a insistir naquela recomendação, o rato respondeu:

– Você já repetiu dez vezes a mesma coisa! Até parece que não deseja libertar-se!

– Não se aborreça com a minha insistência, amigo rato. Só lhe pedi que desse atenção primeiro às minhas seguidoras porque eu sou delas professora e líder. Devo, portanto, cuidar de minhas discípulas, que além disso são muito obedientes. Por terem me obedecido, desceram para comer os grãos de trigo, e depois, naquele momento de perigo, obedeceram de novo, voaram todas juntas e uniram-se a mim; por isso conseguimos escapar das mãos do caçador! Não tenho o menor receio de que, antes de me soltar, você comece por elas o trabalho de libertação. Tampouco me inquieta ser a última a desvencilhar-me desta rede.

– Sua atitude – ponderou o rato Severino – aumentará o carinho e o respeito que suas alunas têm por você, minha amiga!

O rato arretado roeu a rede rapidamente, dando prioridade às outras pombas. No final, todas estavam livres, prontas para ganhar o céu novamente.

O corvo acompanhava cada lance dessa história a certa distância. E pensou outra vez com suas penas: "Devo tornar-me amigo desse adorável ratinho! Não sei se no futuro terei necessidade daqueles dentes roedores! Talvez o destino reserve para mim o mesmo infortúnio que quase levou à morte aquelas inocentes pombas. Nunca mais! Nunca mais terei paz lá na floresta se não conquistar hoje mesmo a simpatia do rato Severino!".

> Os animais humanizados por nós pela via ficcional são caminho privilegiado do aprendizado.

Assim que as pombas foram embora, em busca de alimento menos enredado, o corvo se aproximou do rato:

– Com sua licença, Sr. Severino, podemos conversar um pouco?

– Quem é você?! – perguntou o rato, assustado com a súbita aparição, e ainda mais alarmado por ouvir seu nome pronunciado por aquela figura.

– Ora, eu sou o corvo, não me reconhece? Eu vi o que aconteceu com sua amiga pomba, libertada graças a Deus e ao senhor. Fiquei de tal modo encantado pelo que presenciei! Gostaria de me fazer seu amigo e aliado neste mundo repleto de caçadores cruéis e redes insidiosas!

– Não há possibilidade alguma de aliança entre mim e você! Um ser inteligente deve procurar o que lhe é permitido e desistir do que lhe é proibido, a menos que seja um tolo, como aquele que quer navegar no deserto ou deseja cavalgar em alto-mar. Como poderemos nós dois ser amigos e aliados, se você, como demonstra a história dos ratos e dos corvos, é um dos meus predadores?

A *pax linguistica*

A história da pomba, do rato e do corvo ainda não acabou. Mas já nos ensina algumas coisas fundamentais. Os animais falantes e dialogantes somos nós. A pomba-professora levava suas alunas para se alimentar e, por imprudência, quase pôs tudo a perder. Felizmente, manteve a serenidade, recuperou o bom-senso e soube improvisar. Ao recorrer à confiança que as aprendizes continuavam depositando em sua liderança, inventou uma forma criativa (e coletiva!) de escapar e depois contou com a providencial ajuda do rato Severino, mestre na arte de roer.

Sentindo-se irmão da pomba, o rato foi generoso, prestativo e se dispôs a ajudar com rapidez. O que ele certamente faria por um outro rato, fez com igual diligência pela ave. Sua decisão de libertar primeiramente a pomba-mestra é uma forma de avaliar e valorizar a autoridade. Surpreende-lhe que a líder pense antes de mais nada na libertação de suas seguidoras. Mas depois o rato conclui que essa decisão só aumentaria o respeito das alunas por sua mestra. São atitudes de grandeza o que, afinal, elas esperam da professora.

O corvo está, por assim dizer, fazendo pesquisa de campo. Observa com atenção, aprende com a desgraça alheia. E com o sucesso alheio. Não abandona seu ninho, não se desloca e vai tão longe à toa. Observa, pensa e tira suas conclusões. Sua proposta de amizade soa aos ouvidos do rato como uma afronta. O corvo é um personagem dúbio. Seu oferecimento de amizade parece ser interesseiro, fruto do egoísmo. Não serão suas palavras um outro tipo de rede para prender agora o rato?

Mas por que devemos, sempre, desconfiar de tudo e de todos? Por que desconfiamos da palavra do outro? É possível fundar uma *pax linguistica* (e nossas escolas como lugar dessa fundação), uma paz entre os diferentes discursos, entre os falantes, entre os idioletos que cada um desenvolve à medida que se individualiza, entre os geoletos que caracterizam as falas regionais, entre os socioletos que nascem das diferentes classes sociais? Será essa utopia demasiadamente utópica? A amizade entre a pomba e o rato não seria demonstração cabal de que ainda existe salvação para as relações humanas, embora perdurem as profundas diferenças, os objetivos de vida diversos? Não teríamos um mundo melhor se abandonássemos o comportamento de caçadores e predadores e aprendêssemos a ser colaboradores e distribuidores? Não seria a desejada solidariedade uma questão a se resolver com palavras e atos coerentes com tudo aquilo que aprendemos e ensinamos de melhor?

O corvo não se abalou perante a desconfiança do rato e lhe disse:

– Meu caro rato, reflita um pouco. Sua morte não me é vantajosa, mas sua longa vida, em contrapartida, pode ser para minha existência futura uma fonte de tranquilidade. Aliás, essa sua desconfiança não combina com o que acabei de presenciar, nada tem a ver com sua evidente misericórdia ao roer as cordas daquela rede, não se harmoniza com a retidão de sua conduta, não condiz com seu gesto de amizade para com as pombas. Não altere seu comportamento para comigo, e seja meu amigo!

Com ares filosóficos, o rato suspirou fundo e ponderou:

– Você deveria saber que existem dois tipos de ódio: o substancial e o acidental. O ódio substancial é duradouro, ao passo que ódio acidental se dilui tão logo o que é acessório e passageiro se desfaz também. O ódio entre o leão e o elefante, por exemplo, é acidental, depende de algum ocasional conflito de interesses, e por vezes o leão mata o elefante, ou é o elefante que liquida o leão. Já o ódio substancial é aquele que existe e persiste entre dois extremos desiguais, ódio como o que existe entre mim e você, ou entre mim e o gato. Não se trata de algo fortuito, mas de um ódio provocado por uma longa história de dores entre outros tantos ratos e corvos ao longo da história. No ódio substancial nunca há paz. Os eventuais períodos de trégua serão interrompidos por novas ondas de perseguição e mortes. Somos inimigos eternos como a água é inimiga do fogo. Quem, por imprudência, quer ser amigo do seu inimigo é como aquele homem de uma certa história que acolheu uma serpente venenosa em sua casa.

– Que história é essa? – indagou o corvo, cheio de curiosidade.

A razão narrativa

A linguagem em ação, que põe as pessoas em relação, em diálogo, o *lógos* circulando entre nós e mesmo entre inimigos históricos, é possibilidade de entendimento. O corvo está cheio de curiosidade. A palavra "curiosidade" remete ao advérbio latino *cur*, com o sentido de busca, de procura cuidadosa, de pergunta que pretende curar o perguntador da dor do não saber.

– Mas que história é essa? Conte-me... – insistiu o corvo.

O rato, sem querer (ou talvez tencionando desarticular o corvo, fisgá-lo na rede das histórias hipnotizantes), despertou no corvo a vontade de ouvir. Ou será, ao contrário, uma jogada do corvo para, quando o interlocutor menos esperar, bicar-lhe a cabeça, matar o desavisado ratinho, como há séculos está inscrito no instinto corvístico fazer?!

– Era uma vez – reiniciou Severino – um homem bom, em cuja casa morava uma serpente venenosa. O homem e sua esposa imaginavam que seria benéfico para o casal que a serpente vivesse com eles, pois se tratava de um antigo costume daquele distante país manter esse animal rastejante dentro das habitações.

– Costume um tanto estranho... – ponderou o corvo.

– Pois bem... numa certa manhã de domingo, o marido disse à esposa e aos filhos que fossem à igreja sem ele, pois estava com uma enxaqueca brutal e ficaria em casa, deitado, descansando. Tão logo a mulher e as crianças saíram, o silêncio se fez na casa. A serpente, acreditando que todos tinham ido assistir à missa, saiu do esconderijo e sorrateiramente depositou de seu veneno na panela onde a mulher deixara o almoço a cozinhar em fogo lento. Ao vê-la cometendo esse crime, o homem se levantou, derramou o conteúdo da panela no chão e correu atrás da serpente com um bastão, para esmagar-lhe a cabeça. A serpente fugiu rapidamente e se escondeu. Quando a esposa e os filhos voltaram da igreja, ouviram a terrível história. Mesmo assim, a mulher pediu ao marido que se reconciliasse com a serpente e que abandonasse qualquer sentimento de ódio ou planos de vingança.

– Belos sentimentos os dessa mulher! – o corvo comentou.

– O fato é que o homem concordou com a esposa e, aproximando-se do buraco em que a serpente se escondera, disse-lhe que queria reconciliar-se com ela, que não pretendia machucá-la, que ela não se preocupasse, pois ele estava disposto a perdoá-la e esquecer o que acontecera. Ao ouvir isso, a serpente pensou com suas escamas: "A minha amizade com o homem está para sempre acabada, porque ele jamais esquecerá que depositei do meu veneno na panela para matar a ele e sua família. De minha parte, jamais esquecerei seu olhar de ódio e o modo como veio atrás de mim, bastão em punho, disposto a esmagar minha cabeça. Nossa amizade está desfeita e morta para sempre. O melhor agora é que cada um siga seu caminho. Que o homem e sua família continuem vivendo em sua casa e que eu vá morar sozinha na floresta".

Para bom entendedor, um pingo é letra, e uma palavra é frase. O corvo disse ao rato:

– Compreendo perfeitamente o sentido de sua parábola, de suas palavras... Mas gostaria de pedir-lhe uma vez mais que confie em minhas intenções. Não seja tão duro comigo e se torne meu amigo! Não se afaste de mim, alegando que historicamente, ontologicamente, metafisicamente é impossível que nasça uma amizade entre nós dois. Na verdade, acredito que os seres inteligentes e nobres não se deixam impressionar pelas experiências negativas e estão sempre dispostos a praticar o bem. O amor entre dois amigos, se é amor verdadeiro, não se desfaz. E se algum problema perturba essa amizade, ela rapidamente se recompõe, porque o que é bom é também duradouro, como um vaso de ouro que pode e merece ser recomposto, caso se quebre. A ruptura da amizade entre indivíduos maus e egoístas é irreparável, como o vaso de barro que, ao quebrar-se em mil pedaços, jamais será restaurado. O indivíduo nobre valoriza os nobres no momento em que os vê, mas a amizade entre os egoístas é fruto da avareza e da mesquinharia. Você é um nobre, caro rato, e eu preciso de sua amizade. Não me afastarei daqui, não comerei nem beberei nada até que me aceite como seu amigo e aliado.

O rato ouviu a argumentação do corvo. Nós também. E o que pensamos a respeito? O corvo se esforça por convencer o rato. Faz investimentos linguísticos, metafóricos, apela para os conceitos de bondade e nobreza, promete um jejum para manifestar sua sinceridade. A eloquência do corvo vai comover e mover o rato? O rato é um mestre da razão narrativa. Como, aliás, deveríamos ser todos nós, educadores. Para demonstrar uma ideia, nada melhor do que concretizá-la em forma de relato.

> A valorização da linguagem docente supõe
> revisão de nossas estratégias retóricas.

A razão narrativa pretende ser uma razão concreta, um modo de abordar a realidade sem cair em abstrações distanciadoras. Dar conta da realidade narrativamente é valorizar nossa capacidade de, *na própria* linguagem (mais do que *pela* linguagem), fazer visível o invisível, fazer tangíveis noções, definições, conceitos e ideias. A linguagem não é meio apenas, é *lugar* em que nos encontramos com as coisas vivas. As palavras ganham corpo e dão corpo a nossos argumentos, ensinamentos e intuições. Nossos pensamentos se encadeiam em uma "historinha" que atua sobre nossa imaginação para chegar aos andares superiores da reflexão.

A imaginação é uma porta dos fundos. Os argumentos lógicos querem entrar pela porta da frente, querem ser recebidos com todas as honras pela Rainha Razão. A "historinha" é mais humilde... mas não menos ambiciosa. Enquanto os argumentos lógicos estão forçando a porta da frente, exigindo mesuras e salamaleques, esperando que os protocolos sejam observados rigorosamente, a "historinha" já entrou nos principais cômodos da casa e passeia livremente, influenciando os habitantes da casa.

A valorização da linguagem docente supõe revisão de nossas estratégias retóricas. A autovalorização do professor encontra nesse ingrediente um forte tempero. A linguagem concretizante, clara, fluente é um esforço de democratização do conhecimento. É, enfim, ato didático-político.

O componente crítico está presente, contando com a ironia mais do que com a pura denúncia. Valorizadas, nossas palavras ampliam a consciência dos alunos e ampliam também sua capacidade de linguagem. Ao apreender palavras e conceitos do grupo com quem falamos (gírias, termos regionais, jargões profissionais, etc.), estimulamos a contrapartida dessa "comercialização" verbal. Os alunos se sentirão convidados a adotar a nomenclatura de uma ciência, a terminologia de determinada profissão, e poderão absorver aos poucos, prolongando-se o tempo de importações e exportações linguísticas, novas expressões e construções frasais que os ajudem a se comunicar melhor.

A razão narrativa pode tornar mais inteligível e compreensível uma série de conhecimentos e verdades. Em lugar da razão acachapante, irrefutável, que reduz o outro ao silêncio da aceitação, a razão narrativa "solta a língua" dos alunos e os ajuda a substituir o medo por modos de pensar/falar/escrever.

No relato que estamos acompanhando, o corvo pensa com suas penas, e a serpente pensa com suas escamas. É uma brincadeira com a metáfora muito conhecida "pensar com seus botões". Esse pensar/falar de si para consigo é diálogo interior, base e treino para o diálogo que estabelecemos com os outros. Ninguém é totalmente solitário. Mesmo no isolamento, ainda podemos conversar internamente. Os botões da metáfora referem-se àquela interioridade escondida, agasalhada, guardada, preservada, abotoada, dentro da qual alguém pode, livremente, discorrer consigo mesmo, refletir em silêncio.

Também a pomba-mestra pensava com suas penas, e o rato, com seus bigodes. É desse silêncio íntimo, pessoal, que brotam as palavras. Pensar é falar sozinho, caladamente, e de uma interioridade eloquente nascerá o discurso, a metáfora, o relato.

Histórias sem fim

Enquanto o corvo falava, o rato pensava com seus bigodes. Depois que o crocitar irritante da ave cessou, o sábio roedor respondeu:

– Meu caro corvo... aceito sua amizade. Afinal, nunca deixei ninguém sair daqui de mãos vazias, e se minha confiança alimenta seu coração, conte comigo. No entanto, eu reafirmo o que disse antes, não me desdigo nem me retrato, para que nós dois saibamos o contexto deste novo relacionamento. Não gostaria de ser acusado por minha consciência de ter aceitado sua amizade de modo imprudente. Eu bem poderia ter, de imediato, rechaçado seu oferecimento e seu discurso. Poderia ter saído correndo, evitando com a ação, mais do que com palavras, sua proposta de aliança. Livre e conscientemente, porém, aceito ser seu amigo e o deixo bem claro para você e para mim mesmo. Se porventura um dia você me trair, não poderá de modo algum vangloriar-se, afirmando que conseguiu enganar o rato. Bobo e ingênuo eu não sou, e não se dará comigo o que aconteceu na vida do galo.

– E o que foi que aconteceu com o galo? – perguntou o corvo, mais uma vez picado pela curiosidade.

Graças à linguagem, é possível atiçar o senso da novidade da vida e a vontade de saber que lhe é inseparável. A palavra não é uma coisa qualquer, mas a própria intercomunicação viva, a busca pessoal e coletiva de significados e sentidos. É nela que se realiza a reciprocidade. Nesta altura da fábula, que alberga outras fábulas dentro de si, verifica-se que o rato está ensinando ao corvo em que consiste a amizade, pois até agora o corvo disse a Severino o que deseja do roedor, mas não lhe ofereceu explicitamente nada nessa tal aliança. Contudo, a história continua... O corvo ainda tem muito a aprender.

A palavra docente é dialógica por definição. Nela, sensibilidade e razão se encontram. O valor da palavra é abrir um caminho bidirecional entre quem fala/ouve e quem ouve/fala. É um caminho virtualmente infinito, como virtualmente sem fim são as histórias dentro da história:

– Meu novo amigo rato, o que foi que aconteceu com o galo? – o corvo insistiu em saber.

– Escute com atenção, amigo corvo. O inverno havia chegado, e a noite estava muito, muito fria. A raposa, morrendo de fome, tomou coragem e saiu da toca em busca de alimento.

Ao chegar perto da granja, ouviu o galo cantando, empoleirado numa árvore. Foi até ele e perguntou: "Preclaro galo, que canções escolheu para esta madrugada tão fria?". O galo olhou para baixo e respondeu: "Minha função é anunciar a chegada do dia, cujos sinais de proximidade reconheço no horizonte. Sou eu quem comunica a todos que a noite está terminando, e a manhã é iminente!". Com sua voz maviosa, a raposa disse ao galo: "Ora... daí eu deduzo que você tem o dom da profecia!". Ao ouvir tamanho elogio, o galo encheu-se de orgulho e cantou mais fortemente. E a raposa começou a bailar, embevecida, o que levou o galo a perguntar-lhe por que dançava tão extasiada. "Ouvindo-o cantar aí em cima, ó sábio filósofo da manhã", disse a raposa com voz trêmula, "com razão devo eu bailar, pois devemos alegrar-nos com aqueles que se alegram. Ó príncipe de todas as aves, você tem o privilégio de prever antes de todos o advento do novo dia! Feliz de você, que recebeu da natureza um dom que nenhum outro animal possui! Quisera poder dançar com você aqui embaixo. Mas, se lhe é impossível descer de sua alta posição, pelo menos incline sua cabeça e me deixe beijar a bela crista que a coroa. Poderei então dizer aos meus amigos que meus lábios tocaram a cabeça do sábio galo, a única ave coroada pelo dom da profecia!". O galo inclinou a cabeça para o beijo da raposa, que em três tempos engoliu o galo e matou sua fome de três dias.

– Tolo galo... – murmurou o corvo.

– Sem dúvida. Foi mais ou menos o que a raposa disse depois da refeição: "Louvado seja Deus! Encontrei um sábio imprudente!". E eu lhe contei essa fábula porque, certamente, o galo, quando viu a raposa, deveria ter lembrado do ódio substancial que existe entre raposas e galináceos. Não o fazendo, de sábio galo tornou-se galo saboroso! No entanto, meu caro corvo, confio em você, em suas boas intenções.

O corvo sorriu. E o rato saiu de fininho e entrou em seu abrigo. O corvo lhe disse:

– Severino, aonde vai? Por acaso já se cansou de seu novo amigo? Eu me considero, na verdade, um novo discípulo seu. Como tenho aprendido coisas novas! O que lhe impede de ficar perto de mim e contar-me outras histórias?

– Prezado corvo, há dois tipos de presentes neste mundo: o presente em forma de bens materiais e o presente como doação de si. Uns dão de presente o que têm. Outros dão a si próprios como presente. Ambos praticam a bondade e a amizade, mas aqueles que dão presentes materiais se ajudam dentro de certos limites, ao passo que aqueles que se doam mutuamente vivem uma amizade mais perfeita e duradoura. Quem oferece presentes materiais pode, como o caçador do começo dessa história, entregar grãos de trigos com o desejo secreto de prender o outro e usufruir vantagens. Já aquele que se entrega como presente para o amigo atua melhor. Eu acredito que você quer me dar de presente sua própria pessoa...

– Sim! – confirmou o corvo.

– Estou contente por causa disso, mas bem sei que outros corvos existem e são seus companheiros. Algum corvo passando por aqui e me vendo a seu lado talvez imagine que estou capturado e, seguindo sua inclinação natural, desça para me devorar. Sei que você é meu amigo, mas que garantias tenho de que nossa amizade não me causará problemas, não me custará a vida?

– Severino, um amigo fiel será amigo de meus amigos e inimigo de meus inimigos. Não tenho nenhum companheiro nem irmão que não seja também seu amigo e que não queira usufruir de sua prudência e, eventualmente, de seus dentes roedores de redes traiçoeiras! Para mim será muito fácil matar todo aquele que tentar matar meu novo amigo rato!

O rato saiu do abrigo e ficou ao lado do corvo. Prometeram-se mútua fidelidade e afeto. E durante muitos dias ficavam conversando em clima de total confiança, e o rato vivia contando histórias para o corvo.

A palavra cria espaços

A necessária e urgente valorização do professor é valorização da palavra docente, da linguagem didática. Por se tratar de um pacto dialógico, o ato de ensinar cria espaços onde havia desconfiança, cria relações onde havia deserto. A linguagem é um daqueles deuses que fazem valer a pena o valor de educar. O valor de educar deve ser valorizado por aqueles que me ouvem. A verdadeira solidariedade se realiza quando duas ou mais pessoas compartilham um mesmo valor, adoram um mesmo deus.

> O espaço da sala de aula é um espaço a ser reconstruído linguisticamente.

A existência valiosa do professor se concretiza na comunicação interpessoal. O que confere sentido a todos os esforços que nós, professores, empreendemos diariamente é a realidade valiosa do encontro com os alunos. Nós não lhes entregamos grãos de trigo para que, alimentados, nos possibilitem a recompensa financeira única e exclusivamente. Não somos caçadores de alunos-clientes. Não somos mercenários.

Ensinar é, mesmo correndo o risco de assumir um tom sentimentalista, entregar-se a si mesmo em sala de aula. Uma entrega que não é fácil, pois também sabemos que, em muitas ocasiões, em muitas circunstâncias, não é fácil instaurar diálogos. Não basta que um queira presentear-se. Conhecemos muitas histórias de fracasso docente, em que colegas nossos se veem em situação de desamparo. Que se sentem frustrados. Que não conseguem realizar-se como professores.

A palavra também é veículo. Veículo objetivo e subjetivo ao mesmo tempo. Nela, objetivamos nossos sentimentos e ideias, e fazemos chegar aos outros o que pensamos, o que sentimos e o que somos. O rato Severino é um construtor de relações. Sua amizade com a pomba é efetiva e real. Vimos como nasceu a amizade entre ele e o corvo. Não foi automática. Foi mediada pela linguagem, por histórias, argumentação profunda, compreensão, sinceridade. Uma linguagem, em suma, pejada de valores e convicções.

O espaço da sala de aula é um espaço a ser reconstruído linguisticamente. Este é um dos maiores desafios da educação contemporânea. Reabrir o espaço da sala de aula para o diálogo, para o valor de educar. Outros espaços de ensino existem, mas não precisamos abandonar tradições. Antes, podemos reinventá-las. A sala de aula pode se transformar num deserto, num lugar árido e sem sentido. Ou pode ganhar nova vida.

O tempo do professor

O tempo escorregadio

Como segurar o tempo? Como calcular sua velocidade para correr à sua frente? Como defini-lo, como estabelecer seus limites, seu começo, seu fim? O tempo de uma vida escorrega sem que tenhamos o menor controle sobre ele. Na dimensão espaço, andamos para a direita e para a esquerda, subimos uma escada, descemos ao porão. Mas dentro da dimensão tempo só podemos ir para a frente... Ou por outra: somos puxados para a frente e, ao mesmo tempo, fazemos força para deter essa corrida, abraçamos o presente, agarramos o passado, tentamos correr para trás, puxar o freio. Sem contemplações, sabemos para onde o tempo nos leva: para a morte, destino democrático...

Pensadores e poetas gostam de refletir sobre o tempo. "*Le temps n'a pas de rive*", escreveu Lamartine no século XIX: o tempo não tem margem, é um oceano sem praias. Goethe preocupava-se em aproveitar cada meia hora de luz de cada um de seus dias, e defendia que, quanto mais idade uma pessoa tivesse, mais ativa deveria ser. Dante Alighieri, cujo olhar se voltava para a eternidade, considerava que quem conhecesse o valor do tempo sofreria muito mais quando o perdesse. Darwin, cujo olhar se voltava para o passado, escreveu em uma de suas cartas que quem ousasse desperdiçar uma hora do tempo não teria descoberto o valor da vida.

E qual o valor do tempo e da vida? "Todos meus dias são adeuses", confidenciava o escritor romântico Chateaubriand. O tempo é uma contínua despedida. E uma constante saudação. Simultaneamente, ganhamos e perdemos tempo. O tempo ganho ontem... agora, já está perdido. Por isso o famoso "*carpe diem*" dos latinos, "aproveita o tempo de hoje", "colhe cada momento". O poeta Marcial, há 20 séculos, fazia uma grave recomendação com duas palavras: "*vive hodie*", viva o dia de hoje, lembrando que em latim *hodie* é *hoc* + *dies*, simplesmente "neste dia", e em nenhum outro. Se o tempo é uma perda cotidiana, façamos do agora (no latim, outro premente *hac* + *hora*, "nesta hora") uma colheita de valores.

O tempo escorre, corre, voa. De fato, o tempo não para e jamais envelhece, como disse Caetano Veloso. O tempo, no entanto, não é uma coisa descolado de todas as coisas. O tempo é uma "coisa" pública, algo de difícil definição mas partilhado por tudo o que vemos, por tudo o que existe na materialidade. Constatamos o andamento do tempo nas coisas reais e em cada um de nós. A minha idade é a presença irrefutável do tempo em mim. Quando eu tinha 10 anos de idade, imaginava o que seria chegar aos 20 anos. Aos 20, imaginava o que seria chegar aos 40, aos 50. Agora eu tento dimensionar, entender como se passaram todos esses anos, como fui chegar aqui, e o que foi toda essa água que passou entre os dedos, as nuvens mutantes que já não estão no céu, o vento veloz que arrancou cabelos e vai branqueando os remanescentes.

O tempo não é somente um processo registrado em relógios e calendários. Imagino o futuro (o "ainda não"), lembro o passado (o "não mais"), observo o presente (o "por enquanto"). O tempo está em meu corpo e está interiorizado em minha mente.

No corpo, o tempo vai expandindo, esculpindo, machucando, tirando daqui e acrescentando ali, acentuando traços, revelando peculiaridades. Estamos grudados no tempo e nele vamos sendo consumidos (e de certo modo consumados...). Nossas mudanças corporais, irreversíveis, justificam a ideia do tempo como um fluir do antes para o depois, do ontem para o amanhã. A linha do tempo é dividida abstratamente em períodos imensos (milênios), medianos (séculos) e menores (décadas, anos, meses, semanas, dias, horas...).

Na mente, a experiência do tempo não é linear ou quantificável, não é espacializada numa linha esticada nem corresponde, necessariamente, à metáfora da flecha em velocidade constante. Não... a flecha do tempo pode deter-se em pleno ar, ou voar lentamente, ou ziguezaguear. Trata-se aqui do tempo perceptual ou psicológico. O tempo da alma, no qual, segundo Santo Agostinho, tudo se apresenta presente: o presente do passado, o presente do presente e o presente do futuro. Por isso, em certos momentos, perdemos a noção do tempo.

O tempo docente fica aquém ou além do tempo mensurável. Se a aula é excelente, vibrante... passa velozmente, termina num piscar de olhos, os ponteiros dos relógios se aceleram, e parece que não temos tempo suficiente, como se não tivéssemos oxigênio suficiente depois de correr cem metros em tempo recorde. O presente se concentra. Se a aula é maçante, enfadonha... os mesmos ponteiros se recusam a caminhar, irritantemente preguiçosos, e então a sensação é de que há tempo de sobra, como se estivéssemos mergulhados na água, afogados pelo tédio, o presente se estende além da conta.

A flecha do tempo, voando dentro de nossa memória, pode dar meia-volta e dirigir-se para trás. Regressamos ao passado e descobrimos que o passado é exatamente o que não passou. É o que ficou em forma de aprendizado, de saudade, de ressentimento ou de alegria, de experiências múltiplas, recorrentes, insistentes, como ondas que voltam uma vez e outra sobre as areias da consciência. Se o passado tivesse passado realmente nem sequer nomeado seria. Nem sequer passado seria. No entanto, o passado não passa. Está presente e pode ser rememorado (remembrado, reconstruído, segundo a etimologia) em devaneios, em obras memorialísticas, em sonhos e pesadelos, em teorias e argumentos.

A razão etimológica

Na vida de um professor, o "tempo de serviço" é experiência de crescimento pessoal, mas também de acompanhamento do crescimento e do desenvolvimento de outras pessoas, em particular, dos alunos. É muito comum, à medida que os anos se acumulam, o reencontro entre alunos e antigos mestres. Em cidades menores, a professora com 70 anos será mais facilmente reconhecida na rua pelas gerações que ensinou. Alguém dirá para o seu filho: "Essa professora foi quem me alfabetizou". O valor do tempo, para os professores, está em realizar nele, com profundidade, o valor de aprender, ensinar e educar. O valor está presente cada vez que a história possa ser recontada, cada vez que possamos retornar à origem de tudo.

À razão narrativa de que falamos no capítulo passado (sempre o passado passando, passando e retornando...), acrescentemos a razão etimológica como forma de pensar e ensinar. Aqui e agora, *hic et nunc*, é o lugar e a hora de mergulharmos no tempo das palavras. Verificar suas verdades ocultas, fisgar o que ficou escondido em suas entreletras. Viagens etimológicas nos fazem recuperar o tempo perdido. E reaver, revendo-os, alguns sentidos que podem ser inspiradores hoje.

Cultivando a mentalidade etimológica, adquirimos uma visão sobre o tempo que nos protege da angústia do irreparável e do minuto desesperado. Cada minuto que se esvai pode nos deixar mais tensos, mais apreensivos, por vezes mais pessimistas, se estivermos amarrados à lógica do cronômetro. Para muitos, o passado é puro tempo perdido. Nada restaria do passado. O presente se torna passado a cada segundo. O próprio tempo seria tempo perdido, porque tudo passa, e, portanto, a vida humana é apenas caminho sem volta, corrida para o precipício.

O olhar etimológico e histórico nos desamarra, nos retira do momentâneo, nos desgruda do instantâneo. Os momentos e os instantes pelos quais uma palavra já passou nos dão acesso a outras etapas, a outros ritmos. Saber que uma palavra, pulando de idioma em idioma, possui séculos de trajetória, e que foi se metamorfoseando ao longo desse tempo, ganhando e perdendo, ampliando-se e reduzindo-se, nos abre janelas para contemplar as paisagens do tempo e para cuidar do valor do tempo. A etimologia tem algo de perene, de eterno.

Vejamos a etimologia das palavras "cuidar", "cuidado". A palavra "cuidar" procede do latim *cogitare*, "pensar", "conceber", "preparar". Passou por várias transformações. Num dado momento, no antigo italiano, foi *coitare*. No português arcaico, tínhamos *cuydar*, provavelmente antecedido por um *cugitare. No antigo francês, existia o verbo *cuider*, hoje em desuso... talvez por descuido?

Indo mais longe por dentro do tempo, recordemos que o latim *cogitare* decompõe-se em *co* + *agitare*. *Agitare* era a insistência do verbo *agere* ("agir"). Das tarefas mais físicas do agir, chegou-se ao agir do espírito. A expressão "*agitare mente*" significava "mover no espírito", caminhar no pensamento, encaminhar ideias, andando com elas.

> Viver e caminhar por dentro do tempo é lutar para ir adiante, renovando-se.

Nessa ação dentro do espírito, aprendo a lidar com o tempo. Cuidar do próprio corpo é cuidar do tempo em nós, preparar-se para uma vida saudável, aos 60, aos 90, aos 100 anos. Cuidar interiormente do tempo é refletir sobre ele, refletir sobre o que fizemos e o que faremos com nossos dias, meses, anos... para que não se transformem em desenganos.

Agir sem pensar, pensar sem agir, ensinar por rotina, prosseguir por inércia, trabalhar por mera obrigação, adiar projetos, sofrer em inúteis antecipações, ruminar mágoas e ressentimentos, ser pontual por mania, por mesmice ou, pior, por medo são atitudes enganadoras com relação ao tempo. Viver e caminhar por dentro do tempo é lutar para ir adiante, renovando-se. ("A vida só é possível reinventada", dizia Cecília Meireles num poema.) Uma coisa é ser puxado para a frente, arrastado pelo fluxo das horas. Outra é andar na dianteira, criar futuro.

A razão etimológica reserva surpresas e ensinamentos. Certa vez, abordou-me um mendigo em pleno centro da cidade de São Paulo. Hora do almoço. O homem com roupas velhas e sujas (se é que ainda poderíamos chamar de roupas aqueles andrajos) pediu-me ajuda para almoçar, a mão estendida. Enquanto abria minha carteira, ele fez a observação inesperada:

– Hoje é o dia mais importante da minha vida.

Não ouvi direito. Pedi para que repetisse. Ele repetiu, e acrescentou:

– Porque hoje é o meu aniversário.

Dei-lhe a ajuda e lhe desejei "feliz aniversário". Sua resposta, pausada e firme, continua até hoje ecoando em minha memória:

– Muito obrigado, muito obrigado, muito obrigado.

Deveria ter sido eu a agradecer-lhe três vezes mais. Fui eu o presenteado. Ele estava comemorando (e compartilhando com um estranho...) o que há de mais importante na vida de cada ser humano: o fato de ter nascido.

Por um instante, não éramos dois estranhos. Tínhamos criado naquele momento, naquele espaço conturbado da cidade anônima uma relação humana, com alto valor simbólico, com forte conteúdo ético, com grande chance de aprendizado. E, se eu lhe dei uma "esmola", ele me enriquecia com uma ideia iluminadora.

Anniversarius, aquilo que volta (*versum*) a cada ano (*annus*). A cada ano retorna à nossa consciência (pelo menos na data do nosso aniversário) a constatação de que estamos vivos – e esta vida não é uma vida qualquer. De que ainda temos tempo, muito ou pouco. Por isso acrescentamos em nossas congratulações espontâneas, talvez sem pensar, a palavra "feliz" – "feliz aniversário". Feliz retorno nosso à consciência de que estamos vivos, não obstante as infelicidades da vida, a doença, a solidão, a miséria, a indiferença, a morte.

O mendigo é um ser humano como eu e você, pelo simples fato de sermos todos viajantes no tempo, peregrinos. Do ponto de vista etimológico, somos todos iguais porque somos humanos, viemos do mesmo húmus, nascemos na mesma terra, no mesmo planeta Terra, e neste mesmo solo comum fazemos nossas trajetórias. O mendigo é um vivente digno. Um *mendigno*! E vou mais longe. Todo ser humano é também um mendigo, a mão estendida em direção à vida. Pedindo algo mais do que uma esmola. Pedindo mais tempo, por exemplo.

O futuro, a quem pertence?

O escritor irlandês Oscar Wilde, num daqueles seus momentos de extrema ironia, escreveu:

> O passado não tem a menor importância. O presente não tem a menor importância. Precisamos é nos preocupar e nos ocupar com o futuro. Porque o passado é aquilo que os homens não deveriam ter feito. O presente é o que os homens não devem fazer. E o futuro é aquilo que os artistas fazem.

Frases de efeito que nos fazem reagir, concordando, discordando.

O futuro do professor pertence ao professor do futuro, que, no presente, não se vê descompromissado nem desligado do passado. A razão etimológica me faz sobrevoar o passado, sem lhe retirar importância. A razão projetiva me desafia a trabalhar para o porvir, a investir nele. O porvir é, literalmente, o que está por vir. Virá, queiramos ou não. Não virá, porém, sem nenhum tipo de participação nossa. O futuro na escola, por exemplo, é objeto de planos e planejamentos, análises e decisões. Que depois, em maior ou menor medida, serão colocados em xeque, o que exigirá de mim bom-senso, capacidade de improvisação, bom humor.

Planejo uma aula futura. Pretendo, entre outras metas, objetivos e intenções, que meus alunos elaborem propostas de intervenção solidária em seu entorno, respeitando os valores humanos, observando valores técnicos, em sintonia com valores políticos. Preciso de tempo. Tempo para planejar quanto tempo será necessário para que essas propostas sejam criadas. E que provocações deverei apresentar. E que atividades vou propor, a fim de que o conhecimento teórico seja injetado na imaginação que vislumbra ações concretas. Como transformar uma verdade matemática, um conceito da física, uma reflexão sobre a história, uma informação da geografia, uma descoberta da biologia, uma classificação da química, uma regra gramatical em coisa viva, reconhecível, publicável, elogiável, humanizante? E sempre tendo em vista os alunos reais que estarão ali, suas necessidades, seus anseios, seu mundo...

"O futuro a Deus pertence", afirma o ditado piedoso, mas Deus, segundo a teologia dos sábios e a sabedoria das mentes simples, não trabalha sozinho. As situações de aprendizado são o ponto fulcral e crucial desse planejamento. Essas situações servirão de base, alavanca, trampolim para que os alunos andem por conta própria e abram seus caminhos com a força dos próprios passos.

Certo professor de uma faculdade, conhecido meu, foi procurado por uma aluna. Ela se queixava e fazia um pedido:

– Professor, eu vim lhe pedir dispensa de suas aulas.

– Mas por quê?

– Porque não vejo utilidade nenhuma em estudar "metodologia científica". Professor, essa matéria é muito chata... e inútil. Eu venho de longe, pego quatro ônibus todos os dias, ônibus imundos, cheios de gente mal-educada, fico duas horas nesses ônibus, duas horas para vir, duas horas para voltar, vir às sextas-feiras à noite para ter essa disciplina... gastar o dinheiro de quatro passagens, não, não vale a pena vir aqui só para ouvir falar em coisas abstratas, metodologias, conceitos de ciência...

– Mas você entendeu nosso objetivo? A metodologia científica deve levar-nos a conceber e implementar um projeto...

– Xi, professor, isso é conversa mole...

– Não, não é. Veja, por que você não faz um projeto para solucionar algum problema que a incomoda e que você e outras pessoas que você conhece enfrentam todos os dias? Um problema que não seja um problema só seu, mas seu e de sua comunidade...?

– Problema? Que problema?

– Ora, este que você acabou de mencionar, os ônibus sujos...

– Mas não tem nada a ver uma coisa com a outra!

– Pois é justamente o que estou querendo lhe dizer: nossa matéria tem tudo a ver com seu cotidiano!

A aluna foi orientada a fazer entrevistas com dezenas de passageiros que com ela viajavam todos os dias. Entrevistou também os motoristas, os cobradores, os fiscais, o pessoal da limpeza, e perguntou-lhes como viam a situação, que sugestões poderiam dar. Criou um método de pesquisa, de avaliação das circunstâncias que levavam àquela situação de descuido do transporte coletivo.

Ela fez relatórios, levantou hipóteses, descobriu algumas causas para o problema, vislumbrou soluções, discutiu em sala de aula as informações e opiniões coletadas. E pensou numa campanha de conscientização para que os usuários preservassem os ônibus, se reeducassem... Imaginou formas de divulgação da ideia, cartazes, um *slogan* convincente. Em suma, suas longas e sofridas viagens de ônibus transformaram-se em oportunidade para observar, estudar, crescer em espírito empreendedor.

A aluna, que já não perdia nenhuma das aulas às sextas-feiras à noite, entregou ao professor, como trabalho final daquele semestre, um projeto relativamente bem feito. O mestre, satisfeito com o resultado, até lhe sugeriu que o apresentasse à empresa de ônibus responsável por aquela linha. Depois das férias, feliz da vida, a moça veio dizer-lhe que levara o projeto ao dono da viação e que o empresário não só ficara impressionado como tinha decido comprar a ideia... e a tinha contratado para trabalhar na empresa!

Planejar é atitude de quem tem pressa! A pressa é amiga da reflexão, ou seria bom que fosse. No século retrasado, Nietzsche via na pressa dos novos tempos, em que o trem veloz era um dos símbolos, um retrocesso. O pensador alemão já naquela época sentia como fato consumado (consequência de tantas conquistas da modernidade...) a diminuição de tempo para a vida reflexiva. Já não havia tranquilidade disponível para a prática serena do pensamento, o que levava as pessoas a odiarem aquilo que não podiam assimilar pela ponderação. A vida acelerada nos arrasta para os julgamentos parciais, para as avaliações sumárias.

Devemos desacelerar. Temos de nos desintoxicar (o poeta Paul Valéry referia-se à "pressa intoxicadora") e reaprender a respirar, a expirar, inspirar, expirar, pensar, repensar... Temos de parar para pensar, sobretudo se nos cabe realizar muito em pouco espaço de tempo. É uma questão de urgência não sair correndo como loucos, mesmo que o alarme esteja berrando em nossos ouvidos.

O tempo mental destinado e dedicado ao planejamento é proporcional à responsabilidade com relação às tarefas a serem cumpridas. O tempo do professor é valioso, na medida em que, bem empregado, vai transbordar em orientação, em estímulo, para que o aluno não perca tempo em sua vida e reconheça o valor de seu próprio tempo. Tempo de aprender e crescer.

Padre Antônio Vieira, num sermão que fez no período litúrgico de preparação para o Natal de 1650, refletia sobre os "pecados do tempo" cometidos por aqueles cujo tempo está destinado a ajudar e a servir, mas acabam sucumbindo à pressa preguiçosa ou à preguiça apressada. O tempo do professor é um tempo sagrado, tem função social, é tempo de ensinar, e por isso deve ser alvo de nossos cuidados. Tempo cuidado por nós, professores, como ocasião de estudo e preparo. E tempo cuidado por aqueles que nos contratam e remuneram.

Nosso tempo é dinheiro. Nosso tempo é leitura e estudo, certamente, e por isso mesmo vale ouro. Mas dispensamos o ouro. Que nosso tempo seja devidamente valorizado por uma remuneração justa, que nos permita ter tempo para ler, pensar, pesquisar, planejar, crescer culturalmente, ter acesso à arte (cinema, teatro, música, dança, arquitetura...), a fim de que nossas aulas se tornem inesquecíveis.

Vieira dizia em um sermão, "Primeira Dominga do Advento", há mais de três séculos:

> Porque fizeram o mês que vem o que se havia de fazer o passado: porque fizeram amanhã o que se havia de fazer hoje: porque fizeram depois o que se havia de fazer agora: porque fizeram logo o que se havia de fazer já.

E o pregador pensa e faz pensar. Acrescenta, em sua argumentação, que o dinheiro roubado pode ser restituído. Uma pessoa caluniada, diz ele, pode recuperar a reputação aos olhos da sociedade. Mas o tempo roubado a alguém não há como recobrar. Por isso é tão grave o pecado do tempo. Não devemos roubar o tempo dos outros, nem permitir que roubem de nós o nosso tempo. E mais ainda: não devemos ser ladrões de nós mesmos, não devemos roubar o nosso próprio tempo!

Combinações apressadas e impensadas roubam o nosso tempo. Gestos precipitados roubam o nosso tempo. Reuniões inúteis são tempo roubado. Aulas "enroladoras" são tempo roubado. Hipóteses descartadas, sem sentido, são tempo roubado. Burocracias que só servem para nos deixar emburrados são tempo roubado. Querer ter razão sempre e em tudo é roubar tempo de todos. Futurologias baseadas em má vontade são tempo roubado. Passadologias baseadas em rancor são tempo roubado. A maldade, a vingança e o desprezo são tempo roubado. Tempo roubado em análises viciadas pelas respostas prontas, em pesquisas artificiosas, em estudos de estreita visão e em premissas que prometem conclusões deturpadas, tudo isso é crime contra o tempo e contra a vida. Porque roubar o tempo dos outros é assassiná-los. E, se estou roubando tempo de mim mesmo, cometo suicídio.

Quanto ao futuro, cabe a cada um de nós prepará-lo, criá-lo, cuidá-lo. Estamos grávidos de futuro e corremos o risco de abortá-lo. Por ora, é o momento de fazer investimentos nesse fruto futuro. Investir, lançando mão de alguns valores que valorizam o tempo, tais como a paciência (não o mero suportar...), a esperança (não a mera espera...) e a providência, que é fazer encaminhamentos com base na experiência refletida e no senso de oportunidade.

O presente do futuro virá. Não virá do nada. Será futuro do presente, consequência direta ou indireta do que fizermos neste presente. O tempo amadurecerá a partir do que hoje ainda é possibilidade, embrião promissor. O "ainda não" se tornará "sim", ainda quando o previsto se transforme em imprevisto.

Uma atitude didática positiva implica não fazer diagnósticos apressados sobre o presente e prognósticos catastróficos sobre o futuro dos alunos que não correspondem imediata e plenamente aos nossos melhores esforços. O melhor esforço, aliás, em casos problemáticos é dar tempo ao tempo – para que os alunos tenham tempo de viver cada etapa de seu desenvolvimento, no ritmo possível; para que tenham tempo de aprender a fazer novas e melhores escolhas. O possível talvez não seja o resultado excelente, mas devemos querer e lutar com empenho por esse modesto possível, se não pudermos obter agora o desejável ambicionado.

Era uma vez um pirata inglês que foi aprisionado por um pirata francês. E o pirata inglês disse ao seu inimigo, antes de ser amordaçado:

– Vocês, franceses, lutam apenas por dinheiro! Nós, ingleses, temos interesses mais nobres. Nós lutamos pela honra!

– Pois é, – retrucou o pirata francês, com um sorriso – cada qual luta por aquilo que não tem!

O futuro nos pertence, mais ou menos, em razão da luta atual, das providências que tomamos, das projeções que fazemos. O "ainda não" poderá ser "agora não", ou "quase sim", ou "quase não", ou "agora sim". O pirata inglês, mesmo preso e amordaçado, continuará lutando por sua honra, valor inestimável. O pirata francês continuará lutando pelo dinheiro que ainda não possui, acreditando provavelmente que sua honra já está assegurada. Que cada um faça suas opções e lute por seu tesouro pessoal, por seus valores. Valemos o que eles valem. Que cada um se esforce por seguir as indicações do mapa, em busca das riquezas pelas quais conscientemente optou.

Por outro lado, não somos adivinhos. O poeta e dramaturgo tcheco Václav Havel escreveu um poema intitulado "5 características do homem do futuro":

> 1/ Hayfazut
> 2/ Begerex tu vys dy dyval
> 3/ Balu levixas
> 4/ Uzut
> 5/ Gogu zar mejféz

Não, não são palavras do idioma tcheco. É um poema ininteligível para qualquer ser humano. São cinco características a se traduzirem no futuro, quando essa língua vier a existir. Se é que existirá um dia. O futuro é indecifrável por definição, embora possamos vislumbrar sua presença. As características do homem do futuro pertencem ao futuro do homem. Talvez possamos injetar algum conceito nessas palavras, o que não garante nada.

Não caiamos na tentação da vaidade para a qual a raposa empurrou o galo, fazendo-o cair cedo demais da árvore do conhecimento. O novo dia virá, façamos ou não cantantes profecias. Virá um novo dia, ensolarado, chuvoso, frio, quente, seco. Não nos pertence saber exatamente como será o futuro, mas o porvir que vier, este nos pertencerá.

A vida em gerundivo

Viver é infinitivo. Talvez infinito, de acordo com certas filosofias de vida. Verbo conjugável para além da morte, em modos que transcendem o subjuntivo, segundo as religiões. Por enquanto, estamos no presente do indicativo: eu vivo, você vive, ele e ela vivem, nós vivemos. Trabalhamos com o desejo do futuro: viverei, viveremos. Mas sabemos que a natureza, imperativa, passa os dias e as noites distribuindo ordens negativas: não viva você, não viva ele, não vivais vós. E os vivos vão sendo retirados à força do livro da vida.

Viver não é regular, como a gramática classifica. É irregular e defectivo, imperfeito, inacabado, incompleto, mais que imperfeito! No entanto, vamos vivendo entre sujeitos e objetos, adjetivos e advérbios, artigos e preposições, vírgulas e interrogações, entre reticências... e exclamações!

Estamos em gerúndio: vivendo. "Caminhando e cantando e seguindo a canção", como dizia Geraldo Vandré em outros tempos, esse inesquecível polissíndeto.

Em seu livro *Antropologia metafísica*, Julián Marías vê o tempo como substância da vida humana. Estamos *no* tempo, mas não simplesmente nele, como uma vela que vai sendo consumida pela chama ou como uma pedra que o vento incessante vai desfazendo. Instalados mas em andamento, vamos nos fazendo, refazendo, vamos nos criando e recriando.

A vida no tempo, tempo vital. Vida limitada, não vitalícia, embora ansiosa por uma vida eterna... Vida humana, insegurança, esperança, confiança, desconfiança, danças e andança. Tal conceito dinâmico de vida denuncia os objetivos estáticos e limitados da escola que nos prepara unicamente para o mercado (por vezes apenas um devorador de carnes jovens), ou que nos faz ambicionar, como algo fundamental, sempre novos patamares da própria vida escolar e acadêmica (do ensino médio para a faculdade, da graduação para a pós-graduação, da pós-graduação para a livre-docência...), ou que nos prepara para exercer liderança econômica, social ou política. Esses objetivos não são de todo descartáveis: têm o seu valor (relativo), também são deuses e sempre encontram quem os siga e adore. Que sejam vistos como secundários, ou até o valor que têm perderão.

O gerúndio indica ação permanente, de modo que, sempre vivendo, estamos sempre estudando. As sucessivas formaturas não encerram a carreira do formando. Estou sempre me formando, não sou produto acabado. Não sou particípio passado. A ideia de uma formação contínua para os professores se baseará nesta concepção de uma vida em movimento, como realidade dramática, como realidade que se pode contar, narrar, redirecionar, porque é biográfica. Vida que se encontra aberta, em princípio e sempre, a continuidades e desdobramentos.

> Não podemos segurar as rédeas do tempo, controlá-lo ao nosso bel-prazer, mas temos condições de traçar possíveis destinos.

Uma classificação gramatical muito próxima de nosso gerúndio atual, noção antiga mas inspiradora, é a do gerundivo latino, com função de particípio passivo futuro. O gerundivo desapareceu das gramáticas de hoje, mas deixou vestígios no léxico: "agenda", "legenda", "oferenda", "educando", "vestibulando", "mestrando", "doutorando", etc. No sentido etimológico, o gerundivo traz consigo a noção de obrigatoriedade. A legenda, recuperando esse sentido, é aquilo que deve ser lido. A oferenda é aquilo que será oferecido. A palavra "fazenda" (no caso de Ministério da Fazenda) procede do latim vulgar *facenda e se referia a coisas que devem ser feitas. O memorando é o que precisa ser lembrado; o doutorando é aquele que vai se tornar doutor; o mestrando será mestre; o orientando deve ser orientado; o vestibulando vai prestar o exame vestibular; o educando será educado, tem o direito e o dever de sê-lo.

A vida em gerundivo adquire, assim, uma conotação ética, de compromisso para com o futuro. A agenda são as ações que me comprometi a realizar hoje, amanhã, depois. São coisas que aguardam a concretização de minhas boas intenções. Na agenda, prometo um agir. Planejo uma estratégia pessoal. Comprometo-me comigo mesmo a dar prioridade a isso ou aquilo, a começar algo numa determinada hora, a concluir em tal dia.

Não podemos segurar as rédeas do tempo, controlá-lo ao nosso bel-prazer, mas temos condições de traçar possíveis destinos. Os antigos diziam: "*mors certa, hora incerta*" – a morte é certa numa hora incerta. Estamos o tempo todo ameaçados pelo fortuito e pelo inopinado e pressionados por coisas inevitáveis e improrrogáveis. A agenda me permite acertar o passo, apesar da "incertidão" das coisas certas.

O tempo do professor é um tempo em que rotinas e surpresas se entrecruzam. Cada vez que entramos em sala de aula, nossos valores são convocados, nossos deuses são desafiados. O tempo é um deus inquieto, por vezes cruel. Temos de lidar com ele, valorizá-lo, e não apenas medi-lo.

O tempo como vivência responsável é já um tempo educador. A autoridade do professor se afirma à medida que esse tempo vai se tornando um eterno presente. Estamos no devir, é verdade, mas nosso dever docente consiste em tornar cada novo dia uma ocasião de encontro autêntico entre nós e o conhecimento, e entre o conhecimento e nossos alunos.

Nem sempre há sincronia entre o tempo do professor e o tempo dos alunos. Estes, em plena Idade Mídia, pensam às vezes que muitos de nós continuam saudosos da Idade Média.

Valorizar o tempo é não se fossilizar, por um lado, mas também não esquecer a quantidade de informações fantásticas que pode ser descoberta num belo fóssil.

Valorizar o tempo é manter-se no tempo oportuno. Nem prematuro, nem caduco, nem obsoleto, nem vanguardento – sou chamado a atingir o ponto certo: tornar-me maduro.

Valorizar o tempo é valorizar os peregrinos do tempo, que avançam, retomam, passeiam no eterno retorno das melhores experiências do aprender.

Valorizar o tempo é fazer cronogramas sem ser devorado por eles, é não cair nos intervalos do tempo, é não perder tempo e se transformar em cronista crônico, para todos os tempos.

Valorizar o tempo é entrar na máquina do tempo que está em nós, memória do futuro, imaginação do passado, tudo no mesmo presente.

Valorizar o tempo é não caluniar o arcaico, porque o que está na origem pode renovar desgastes e desilusões. O escritor inglês Gilbert Chesterton dizia gostar de ler livros antigos para encontrar ideias novas.

A *autoridade do professor*

Nos tempos da palmatória

Em *Memórias de um sargento de milícias*, o autor Manuel Antônio de Almeida nos faz ver a escola de seu tempo, frequentada por Leonardo, o protagonista. A escola pertencia a um homem "baixinho, magrinho, de carinha estreita e chupada, excessivamente calvo; usava de óculos, tinha pretensões de latinista, e dava bolos nos discípulos por dá cá aquela palha. Por isso era um dos mais acreditados da cidade".

Os bolos são as famosas aplicações da palmatória, e o fato de distribuí-los fartamente contribuía fortemente para o prestígio do professor. A palmatória, hoje peça de museu (lugar das musas...), era um pedaço de madeira arredondado, de diferentes tamanhos, com cinco ou mais furos para não comprimir o ar e assim aumentar a força do golpe, utilizado nas escolas para castigar os alunos indisciplinados ou os que não sabiam as lições. A palmatória era igualmente utilizada para corrigir os escravos e os criminosos. Ou seja, um singelo... instrumento de tortura. E quem pratica a tortura é aquele que tem autoridade para tanto...

Numa viva descrição, o autor apresenta a cena em que o mestre ouve os meninos cantando a tabuada numa espécie de ladainha de números: "o mestre [...] escutava impassível, com uma enorme palmatória na mão, e o menor erro que algum dos discípulos cometia não lhe escapava [...]; fazia parar o canto, chamava o infeliz, emendava cantando o erro cometido, e cascava-lhe pelo menos seis puxados bolos".

Parece que meia dúzia de bolos era o número preferido. Uma superstição talvez. E, claro, se o infeliz tinha a infelicidade maior de, não se dominando, retirar a mão antes do impacto... bolos duplicados (pela raiva) o aguardavam. Por isso, era mais do que recomendável sempre dar a mão à palmatória...

Outro texto da literatura nacional em que a palmatória ocupa lugar de destaque é "O conto de escola", do mestre Machado de Assis. O narrador é um menino de nove ou dez anos. Seu nome, Pilar. Bom aluno, embora gostasse de matar aulas de vez em quando, Pilar era ainda muito ingênuo e sonhador. A escola de seu tempo estava lá, porém, para ajudá-lo a amadurecer, e o professor lá estava para subjugá-lo, doesse a quem doesse...

Leiamos como descreve seu mestre:

> Entrou [na sala de aula] com o andar manso do costume, em chinelas de cordovão, com a jaqueta de brim lavada e desbotada, calça branca e tesa e grande colarinho caído. Chamava-se Policarpo e tinha perto de cinquenta anos ou mais. Uma vez sentado, extraiu da jaqueta a boceta de rapé e o lenço vermelho, pô-los na gaveta; depois relanceou os olhos pela sala. Os meninos, que se conservaram de pé durante a entrada dele, tornaram a sentar-se. Tudo estava em ordem; começaram os trabalhos.

Era o tempo em que os alunos se levantavam quando o professor entrava e só voltavam a sentar-se quando o professor acomodava-se em sua cadeira. Nota-se também que o professor não os cumprimentou sequer, nem mesmo lhes sorriu. O professor era o guardião dos valores impostos, da seriedade absoluta, o defensor da ordem vista como caminho do progresso. Um cão de guarda da educação, para lembrar a imagem que Maurício Tragtenberg usava para esse tipo de mestre.

Na mesma sala, colega de Pilar, estava Raimundo, filho do mestre. Ele era "pequeno", "mole", de "inteligência tarda" e "gastava duas horas em reter aquilo que a outros levava apenas trinta ou cinquenta minutos". Pálido, sentia muito medo do pai-professor, que era com ele especialmente severo, e "raramente estava alegre".

Raimundo, falando baixo para ninguém ouvir, propõe a Pilar uma troca. Pagava-lhe com uma antiga moedinha de prata a explicação sobre uma dúvida que tinha no exercício de língua portuguesa que estavam fazendo naquele momento.

Raimundo, eternamente perseguido pelo olhar paterno (e Policarpo deveria sentir-se injustamente humilhado por ter um filho-aluno nada brilhante...), sabia muito bem que não sabia... mas sabia também que o pai jamais interpretaria essa consciência como um sinal de genialidade socrática. Certamente utilizaria a palmatória como resposta às suas respostas erradas ou ao exercício em branco.

E a palmatória... "lá estava, pendurada do portal da janela, à direita, com os seus cinco olhos do diabo. Era só levantar a mão, despendurá-la e brandi-la, com a força do costume, que não era pouca". Para evitar o castigo, Raimundo propunha a troca ao colega mais inteligente: conhecimento imediato pago a peso de prata...

> Essa pedagogia antipedagógica ganhou em língua espanhola uma fórmula, digamos, poética: "*La letra con sangre entra*".

Pilar hesitou, mas depois pegou a moeda e a seguir passou ao amigo, num pedacinho de papel, a explicação desejada. Ao fazê-lo, deparou com o sorriso maldoso de Curvelo, outro colega da sala, e percebeu que poderiam ser delatados. Como de fato o foram:

"– Oh! *seu* Pilar! – bradou o mestre com voz de trovão."

Tinham sido descobertos! Levantaram-se. A corrupção haveria de ser punida, sem compaixão! O mestre, cara fechada, e ao seu lado, com cara de Judas, o Curvelo.

– Venha cá! – bradou o mestre.

Fui e parei diante dele. Ele enterrou-me pela consciência dentro um par de olhos pontudos; depois chamou o filho. Toda a escola tinha parado; ninguém mais lia, ninguém fazia um só movimento. Eu, conquanto não tirasse os olhos do mestre, sentia no ar a curiosidade e o pavor de todos.

– Então o senhor recebe dinheiro para ensinar as lições aos outros? – disse-me o Policarpo.

– Eu...

– Dê cá a moeda que este seu colega lhe deu! – clamou.

Não obedeci logo, mas não pude negar nada. Continuei a tremer muito. Policarpo bradou de novo que lhe desse a moeda, e eu não resisti mais, meti a mão no bolso, vagarosamente, saquei-a e entreguei-lha. Ele examinou-a de um e outro lado, bufando de raiva; depois estendeu o braço e atirou-a à rua. E então disse-nos uma porção de cousas duras, que tanto o filho como eu acabávamos de praticar uma ação feia, indigna, baixa, uma vilania, e para emenda e exemplo íamos ser castigados.

Aqui pegou da palmatória.

– Perdão, seu mestre... – solucei eu.

– Não há perdão! Dê cá a mão! Dê cá! Vamos! Sem-vergonha! Dê cá a mão!

– Mas, seu mestre...

– Olhe que é pior!

Estendi-lhe a mão direita, depois a esquerda, e fui recebendo os bolos uns por cima dos outros, até completar doze, que me deixaram as palmas vermelhas e inchadas. Chegou a vez do filho, e foi a mesma cousa; não lhe poupou nada, dois, quatro, oito, doze bolos. Acabou, pregou-nos outro sermão. Chamou-nos sem-vergonhas, desaforados, e jurou que se repetíssemos o negócio apanharíamos tal castigo que nos havia de lembrar para todo o sempre. E exclamava: Porcalhões! Tratantes! Faltos de brio!

Violência física. Violência verbal. Violência psicológica. Provavelmente um dos padroeiros dessa pedagogia nada humana foi Orbílio, professor de literatura e gramática de Horácio, o grande humanista da Roma clássica, cujas mãos ficavam inchadas e ensanguentadas a golpes de vara, que seu mestre empregava com feroz determinação todas as vezes que o jovem pupilo cometia algum erro. Mais tarde, num de seus poemas, Horácio menciona Orbílio, usando para designá-lo o adjetivo *plagosus*, cuja tradução é "desalmado" ou "aquele que gosta de bater".

E o fato é este: o mestre que batia tinha autoridade para bater e *gostava* de bater. Não o fazia apenas pelo "senso do dever", na luta por extrair bem cedo a raiz da desobediência, da desonestidade, da corrupção. Algo de mórbido nele, acobertado pelos hábitos sociais, pelo costume, pela defesa do bem, encontrava naquela violência uma fonte de prazer. A violência se justificava pela necessidade de abrir caminho nas mentes e nas vontades de crianças praticamente igualadas a animais.

Essa pedagogia antipedagógica ganhou em língua espanhola uma fórmula, digamos, poética: "*La letra con sangre entra*". Tal rima parecia, aos ouvidos dos velhos mestres, autorizar as pancadas, os castigos corporais, as humilhações como forma de fazer a inteligência das crianças despertar para o conhecimento.

Há professores que ainda hoje utilizam formas de instaurar o medo, embora também sintam medo das reações. Aliás, hoje, não raramente ocupam lugar de destaque na mídia notícias bem diferentes das que poderiam sair da sala de aula do século XIX ou mesmo das primeiras décadas do século passado. Professores têm sido agredidos por alunos. Basta uma rápida pesquisa no Google ou no YouTube para averiguar o grau de desrespeito e violência.

Embora a violência explícita nos incomode e provoque em nós repúdio sincero, já ouvi, em tom de brincadeira, que talvez não seja tão brincadeira assim, professores se lamentando por não podermos mais praticar um ou outro puxão de orelha pelo menos, para manter nossos alunos sob controle.

Nem todos os professores do passado apoiavam sua autoridade na ponta do chicote. Mesmo entre os mais antigos (até mesmo antes do progressista século XIX...), houve professores que não aceitavam a violência como expediente e se esforçavam para despertar o entusiasmo dos alunos, o amor ao conhecimento.

A partir do século I da era cristã (com avanços e retrocessos), muitos teóricos da educação começaram a pôr em xeque a eficácia daquelas brutalidades, recomendando (porque, apesar de tudo, ainda viam nas crianças pequenos animais) que os professores dessem aos alunos brinquedos e doces para comemorar seus progressos, o que não deixava de provocar a censura dos pensadores mais austeros e mais sarcásticos, como o poeta Petrônio, que escreveu ironicamente (e profeticamente): "É, agora as crianças estudam brincando...".

Bastaria mencionar Pestalozzi (entre os séculos XVIII e XIX), pedagogo suíço que não aplicava castigos... nem dava notas! Sua pedagogia amorosa, maternal, dialógica não utilizava o medo ou a punição como recursos "educativos". Pestalozzi também desestimulava a competição em sala de aula (até mesmo a camuflada pela emulação...), estimulando os dotes pedagógicos dos próprios alunos (o chamado "ensino mútuo", já conhecido pelos melhores professores na antiguidade greco-latina), de forma que ele teria visto com muito bons olhos a iniciativa de Pilar e Raimundo, amigos dispostos a trabalhar em equipe...

Como era de se esperar, apesar desta brevíssima incursão histórico-literária, houve no passado professores das mais diferentes índoles, uns mais violentos, outros menos, outros amorosos, cujas práticas e estilos devemos conhecer em sua diversidade, discernindo o certo do menos certo, o errado do quase errado, o muito errado do aparentemente certo, o errado que dá certo do certo que dá errado...

E, discernindo, devemos argumentar artística e criativamente quando encontramos paradigmas... ou *paradogmas* como o tal ditado "*la letra con sangre entra*", que, de tão repetido, acabou estimulando o poeta Pedro Salinas a reescrevê-lo: "*la letra con letra entra*".

A letra com a letra entra... Ou seja, para aprender a ler e escrever (e tudo o mais), precisamos simplesmente ler e escrever, e tudo o mais, num clima de entusiasmo, de respeito mútuo, de exigência sem estridência, de naturalidade sem crueldade, de confiança com esperança.

Moral da história? Se um mestre precisava bater para que a dor ensinasse alguma coisa ao discípulo, certamente não tinha lido os mestres que, num passado mais passado, antecipavam um futuro menos doloroso.

Volta às jaulas...

Contudo, os tempos são outros. A autoridade docente virou do avesso. Desautorizados, não temos mais certeza sobre qual será a melhor atitude, que providências devemos tomar. Devemos ceder? Ou resistir? Ou compactuar? Ou revidar?

Contava-me uma professora que, no primeiro dia de um novo ano letivo, antes de entrar na sala de aula, a diretora veio correndo ao seu encontro, segurou-a pelo braço e perguntou em tom aflito:

– Você vai entrar assim?

– Assim como? – assustou-se a jovem mestra.

– Assim: sorrindo!?

Realmente, uma pedagogia do sorriso fragilizaria a já fragilizada autoridade do professor. Daria a entender aos alunos rebeldes, monstrinhos, "crionças" como brincam alguns, que nada lhes acontecerá... Eu mesmo tive certa vez com a coordenadora de uma faculdade particular uma conversa espantosa, assustadora, tão claramente ela apresentava razões para eu ser menos sorridente e mais enérgico, para eu não ser tão ingênuo em meus primeiros passos profissionais...

– Meu caro professor, aprenda esta lição para toda a sua vida: o aluno em classe é seu maior amigo... e seu maior inimigo.

– Isso quer dizer que o aluno é sempre um... traidor?

– De certo modo, sim. Eles são como os animais de um circo. Você é o domador. Eles são a garantia do seu ganha-pão, mas a qualquer momento o leão esquece que está no circo e pode arrancar sua cabeça, ou o elefante perde o controle e pisa seu pescoço. Portanto, cuidado!

De rosto sério e ficha de chamada debaixo do braço, o professor entra na sala de aula. Os alunos olham-no, desconfiados. As perguntas iniciais denunciam medo e insegurança dos alunos:

– Professor, o que vai *cair* nas provas?

– Mas, gente, prova não é bombardeio...

– Professor, o senhor pode nos *soltar* mais cedo?

– Que é isso, pessoal!? Vocês não estão presos!

– Professor, que nota precisamos *tirar*?

– Mas, gente, nota não é algo que se arranca das mãos do professor...

Volta às jaulas, talvez? Este é o título de um artigo que escrevi quando me dei conta da violência ainda existente na escola. Uma violência baseada em ameaças veladas. De parte a parte. Ou em zombarias veladas primeiramente... depois explícitas. Ou em puro mau humor. Ou em desinteresse desafiador...

Uma violência dos professores contra os alunos ou dos alunos contra os professores. Uma espécie de revide que começou a se configurar na segunda metade do século XX, depois que o corpo docente já aposentara a palmatória. Uma violência, agora contra os professores, no presente, violência que, não nos enganemos, também não é nenhuma novidade, historicamente falando.

Houve uma violência no passado em que o professor era a vítima. No passado mítico, é conhecido o episódio em que Hércules matou Lino, seu professor de música, depois que este o repreendeu por sua escassa aptidão musical, arrancando-lhe o instrumento das mãos. O menino não aceitou a humilhação e, recuperando a lira, deu com ela um golpe mortal na cabeça do mestre. E o historiador grego Plutarco, que foi diretor de uma escola no primeiro século depois de Cristo, refere-se a "meninos que se gabam de humilhar seus professores".

Mas voltemos ao presente, ao aqui e agora. Voltemos para um Brasil em que a escola tornou-se palco de uma violência multiforme. Numa sala de aula na cidade de São Paulo, recentemente, a professora tentava incentivar os adolescentes:

– Estudar é muito importante... Vocês precisam investir no futuro, estudar, aprender coisas novas...

– Fessora!

– Sim, Luciana...

– Você estudou muito?

– Sim, bastante...

– Pois é. Estudou e agora ganha uma miséria de salário, né? Eu vou é ficar bem bonita e gostosa pra ser mulher de bandido e ter tudo o que eu quero!

O diálogo, verídico, revela uma ordem de antivalores, a presença de deuses demoníacos. A aluna não admira a professora e, por isso, a humilha. Não valoriza o trabalho desvalorizado. Seu argumento pragmático quer destruir todas as utopias de nossos livros. Mesmo este livro, sobre o valor do professor, quase cai agora das mãos de seus leitores.

Infelizmente, para além destas páginas, não faltam outras histórias – nada míticas, mas não menos fantásticas – em que professores se sentem acuados diante de seus alunos (envolvidos ou não com o crime, com as drogas), agressivos e prepotentes. Testemunhos terríveis de professores que atuam em colégios públicos e privados pululam na internet. Como afirmam vários observadores e especialistas no tema da violência escolar, as barreiras do respeito foram rompidas. Hoje, em lugar dos alunos do passado, são os professores que estão com medo da sala de aula.

O professor desautorizado

Num de seus livros, o escritor goiano José J. Veiga conta a história de um professor desautorizado. O professor Burini é vítima de algo bem pior do que a má vontade de aprender, presente em muitos alunos desde que o mundo é mundo.

Porque a má vontade, diz o autor, "todo professor conhece, e com jeito vai encontrando meios de vencer, ou pelo menos reduzir". Já as dificuldades do professor Burini são as de um tempo em que o professor não só deixou de ser temido, mas também perdeu aquela aura que fazia dele um profissional a ser respeitado, tanto quanto os pais deveriam ser...

Um dia, ao entrar em sala, o professor Burini viu desenhado no quadro um simpático burrinho. No primeiro momento, não entendeu o significado do desenho e até elogiou o artista anônimo. Nos outros dias voltou a encontrar o burrinho, em traços cada vez mais apurados. Só alguns dias depois associou o contínuo reaparecimento do burrinho a seu nome: Burini.

Descoberta nada agradável. No entanto, ele tinha tantos problemas mais sérios a resolver, que decidiu ignorar o incidente. "O maior problema do Professor Burini era o salário que não estava chegando para as despesas. Os outros problemas, também graves, eram consequência da falta de dinheiro." As despesas abalavam o sistema nervoso da mulher, o que prejudicava o clima familiar, o que deixava as crianças alteradas, o que tirava a paz do professor que, à noite, chegava faminto e cansado.

O apelido *Professor Burrim* pegou rapidamente. O que fazer? "Alguns dos outros professores insinuavam que ele precisava ser mais enérgico. Ele se defendia dizendo que não tinha vocação para carrasco. Estava ali para ensinar, não para punir."

As provocações se multiplicaram: giz molhado, gordura no quadro-negro, sujeira no assento de sua cadeira e gritos na hora do recreio quando ele passava: "Professor Burrim!".

Cansado, humilhado, depois de alguns meses de suplício passou pela cabeça do professor pedir transferência da escola e até... mudar de profissão. Mas isso já era mais difícil. "Ensinar era a profissão que ele tinha aprendido."

Contudo, de ano para ano a situação não melhorava. Até que se tornou insuportável, e o professor concluiu que faria jus ao apelido de *Burrim* se insistisse em ser professor. O diretor da escola, por incrível que pareça, aprovou sua decisão, sentiu-se até aliviado. Burini tornou-se vendedor de picolé. Passou a ganhar mais e, depois de alguns meses vendendo sorvete na porta da mesma escola em que antes lecionava, passou a ser procurado pela garotada para resolver dúvidas de ortografia e conjugação verbal, pois os alunos descobriram que ele era "cobra em português".

Graças à carrocinha de picolé, o Sr. Álvaro Burini (ex-professor de língua portuguesa) resolveu seus problemas econômicos, o que fez com que sua mulher se sentisse melhor, mais calma, mais segura, o que melhorou bastante o clima em casa. Ao chegar em casa, o vendedor de picolé podia agora dormir o sono sagrado dos justos.

Um dia (porque sempre, nas histórias, há um dia...), apareceu-lhe um dos rapazes que infernizavam sua vida de professor e o forçaram a mudar de profissão:

– Professor Burrim! Desculpe, Burini.
– Everardo!
– Pode me chamar de Queixada mesmo.
– Prefiro Everardo. É um nome bonito.

Na conversa, Burini descobre o destino profissional incerto dos alunos mais bagunceiros. Ele, o Queixada (apelido de Everardo, por ser queixudo), largara os estudos:

– Largou por quê? Fez bobagem.
– Não foi por querer. Isto é, foi culpa minha mesmo. Não aproveitei quando podia... Minha tia que me criava morreu. O marido dela não me topava, a gente brigava muito e acabei me mandando. Andei trabalhando de entregador de compras, faxineiro, uns empregos michas.
– Mora onde?
– Aonde?
– Aonde, não. Eu lhe ensinei isso. Aonde só se emprega com verbo de movimento.
– Estou morando com a família de um amigo no subúrbio. Mas é provisório. A casa é pequena.
– Trabalha em quê?
– Por ora estou desempregado. Vim ver um lugar de servente neste colégio aí.

O livro termina no mesmo tom melancólico. "Cada um é responsável pelo seu destino, desde criança", conclui o personagem, que não se arrepende de ter abandonado o magistério, em crescente e injusta desvalorização.

Numa breve análise sobre o livro, a professora Nelly Novaes Coelho observou que "a tragicômica vida do Professor Burrim, para além do prazer/emoção da leitura, se oferece como ocasião fecunda para os leitores mais novos (e os mais velhos também) refletirem sobre a importância básica do professor em qualquer sociedade".

O professor reautorizado

A autoridade pode ser desautorizada se não tiver valor. A violência praticada pela autoridade desautoriza o violento. A autoridade não necessita ser violência. A força de seu argumento é maior do que o argumento da força. Contra uma docência que não poupava a vara (para lembrar uma conhecida citação bíblica...), era razoável, pelo menos em tese, reagir com medo, inicialmente, e depois com desprezo, senão com ódio.

Em outra direção, podemos (melhor ainda, devemos) reconhecer o valor da autoridade quando esta não se impõe, mas é presença inegável, de importância inquestionável. O professor Burini suscita compaixão pela injustiça que sofre, pelas circunstâncias em que vive, mas sua postura revela pelo menos duas fraquezas. A sua fraqueza pessoal, que o levou a abandonar o trabalho, a desistir, e a fraqueza da instituição, que abandona o mestre à sua própria sorte.

A reautorização de cada professor não se faz sem apoio de todos os outros professores, das instituições de ensino, do poder público, dos sindicatos, da sociedade, da mídia. Não basta o professor se queixar, nem mesmo quando o faz em protestos de rua, legítimos. Não basta alguém descrever o problema e apresentar relatórios com ares de quem tudo entende. Não basta que alguém, com maior ou menor poder, ofereça soluções brilhantes sem a correspondente ajuda, sem o necessário apoio.

Sabemos que a autoridade do professor radica em ele ser e atuar como autor. A palavra "autoridade" é parente próxima de "autoria". Essa autoria pressupõe que os professores sejam ouvidos e vistos. Que sua palavra seja levada a sério. Que sua presença simbolize a presença de algo mais ("mestre", *magister* em latim, traz esse mais, esse *magis*, nas entreletras).

A palavra docente deve ser ouvida com atenção pelo valor que possui. Ouvida tanto pelos alunos como por um secretário da educação, por um ministro da educação, por um governante e pelas famílias. Evidentemente, espera-se que essa palavra seja palavra autêntica. Daí a necessidade imperiosa de que nós, professores, não apenas reivindiquemos a justa valorização, mas que mostremos, como professores que ensinam, que sabem ensinar a todos, inclusive aos políticos ou àqueles que nos contratam, o que significa em termos práticos aderir a valores, transformados em virtudes e atitudes.

Para que o professor seja reautorizado, sem recairmos no autoritarismo, precisamos evitar, combater e vencer a humilhação social e profissional que lhe é imposta, de modo mais evidente e dramático quando o docente, em escolas públicas ou particulares, é impelido a repetir, é obrigado a obedecer sem pensar, é convidado a se calar. Os salários inadequados (para usar um eufemismo) são apenas um aspecto a corroborar a situação de inferioridade de um profissional desvalorizado. Desvalorizado não só do ponto de vista da relação trabalhista, mas também como pessoa.

A verdadeira autoridade do professor se baseia no conhecimento transformado em palavra criativa, em comunicação viva. Os professores são protagonistas, como não cansam de repetir os livros de pedagogia e até mesmo documentos oficiais, mas tal protagonismo nem sempre se verifica. O que falta ainda? Não é patente e inquestionável que professores desautorizados, humilhados e desvalorizados ficarão aquém do que esperamos deles? Não é óbvio que uma educação melhor significa revalorizar radicalmente os professores? Não é óbvio que para atrair os melhores estudantes para a profissão docente precisamos tornar os cursos preparatórios mais exigentes e a atividade profissional devidamente recompensadora em termos salariais e em condições de trabalho? Não é necessário, enfim, que, em diferentes âmbitos, na universidade, nas secretarias municipais de educação, no MEC, nas escolas, nas empresas, cada professor seja respeitado pelo que representa e sinta, portanto, o orgulho genuíno de exercer a autoridade que lhe compete, ao mesmo tempo que justifique esse orgulho com um belo trabalho?

Um belo dia...

Todas as histórias têm aquele dia... Um belo dia... É nesse determinado dia (belo ou menos belo) que se opera uma mudança decisiva. O personagem vai caminhando e, num determinado dia, num belo dia... sua aventura ganha novos contornos. A virada radical acontece. A beleza desse dia consiste em ser diferente de todos. Nesse dia, experimentamos ventos novos. Nesse dia, aprendemos coisas novas e fundamentais. Mais ainda: nesse dia vemos acontecerem transformações.

O belo dia pode ser também uma bela tarde, como no conto "Uma aposta", de Artur Azevedo. O personagem Simplício Gomes está apaixonado por Edviges, cujo apelido é Dudu, mas não se considera à altura da donzela e decide ocultar seu amor. Está sempre por perto, é verdade, conformado com a ideia de não ser mais do que um bom amigo de Dudu, uma espécie de protetor, de anjo da guarda. E Dudu começa a namorar a sério um rapaz chamado Bandeira. Simplício sofre, calado. Simplício continua por perto, vigiando. Tudo indica que a moça se casará com Bandeira.

Numa bela tarde, porém, estando os três na mesma sala, Bandeira se revela homem arrogante e intratável. Com palavras duras, avisa a Dudu que tenciona casar-se com ela, sim, mas não pretende dar-lhe satisfação de suas saídas e chegadas, de suas idas e vindas. Não pretende, em suma, dar satisfação de sua vida pessoal à futura mulher. Simplício, tudo ouvindo, não se manifesta. Assim que Bandeira sai de cena, senta-se ele ao lado da moça. Os dois permanecem em silêncio, pensativos. E nesse silêncio solidário acabam por descobrir que se amam e se querem. Uma bela tarde para Simplício e Dudu.

Uma bela noite também pode ser ocasião para mudanças e reviravoltas. Conta-se, por exemplo, que na Idade Média havia um povoado inglês continuamente atormentado por um feroz dragão, cujo esporte favorito, ou cujo prato favorito, era devorar os jovens daquela região, especialmente as virgens.

Temerosos de que sua juventude desaparecesse de todo, os líderes do povoado resolveram "negociar" com o dragão. Este lhes propôs um pacto: se a mais formosa das jovens (que por acaso era filha do homem mais rico do povoado) concordasse em se entregar voluntariamente às suas mandíbulas, o monstro abandonaria aquelas terras para sempre, indo espalhar o terror em outras plagas.

Os líderes do povoado recusaram a indecorosa oferta. Porém... numa bela noite, a mais formosa das jovens decidiu agir por conta própria: foi à caverna do dragão para entregar-se e, com esse gesto, libertar seus conterrâneos da maldição.

A história prossegue, e cada um imagine se a noite foi igualmente bela, ou não, para o malvado dragão. Seja qual for o desfecho, o fato é que aquela era a hora da decisão, a hora do heroísmo.

A revalorização da carreira docente está precisando de um belo dia, de uma bela tarde e de uma bela noite. Belas e concretas.

A *avaliação do professor*

Avaliação valiosa

Avaliar é prática necessária para conhecer o valor de uma realidade. Um bom avaliador sabe reconhecer valores mediante observação cuidadosa, critérios claros e consciência afinada. Se os valores são deuses que nos orientam no deserto, os avaliadores sabem reconhecer as manifestações desses valores. Reconhecem valores e detectam antivalores.

Uma avaliação valiosa requer visão abrangente. É preciso avaliar os professores, sem dúvida, mas avaliar também suas circunstâncias, começando pelo próprio local em que o trabalho docente se realiza. Para avaliarmos melhor o desempenho profissional de um professor em sala de aula, é preciso avaliar, concomitantemente e com igual interesse, a própria sala de aula: avaliar o número de alunos que se acomodam ali dentro, a limpeza, a luminosidade e a temperatura, sua acústica, a qualidade dos materiais utilizados e tantos outros aspectos concretos, na sala de aula e para além dela, aspectos de ordem prática, decisivos para que as teorias da aprendizagem possam ser mais bem aplicadas.

Em muitas de nossas cidades, pequenas ou grandes, do Norte ao Sul do país, encontraremos escolas públicas semiabandonadas: salas de aula apertadas e mal iluminadas, falta de carteiras para os alunos, banheiros em condições lamentáveis, sujeira, descuidos de todo tipo, precariedade, insegurança, insalubridade... Não são segredo de Estado nem parecem envergonhar os estadistas.

Uma breve pesquisa na *web* traz informações abundantes que levam a uma conclusão muito simples: há prefeitos e governadores em todos os estados brasileiros que não sabem, ou não podem, ou não querem oferecer a todos os alunos e professores da rede pública as condições materiais necessárias para um bom ensinar e um bom aprender. Analisemos as três possibilidades.

Ou esses governantes não sabem oferecer condições mínimas de trabalho para os professores e de aprendizado para os alunos, talvez por falta de experiência ou de formação, e devem aprender a fazê-lo – os secretários de educação e os próprios professores desempenham aqui papel político-pedagógico fundamental.

Ou esses governantes não podem oferecer tais condições, porque não possuem competência e capacidade para isso, e então é preciso que instâncias educacionais e políticas os ajudem.

Ou, hipótese ainda mais grave, esses governantes não querem colaborar para uma educação de qualidade, o que os desautoriza a exercerem a função para a qual foram eleitos.

Como nós, professores, avaliamos centenas de informações disponíveis a respeito de nossas condições de trabalho?

Num colégio público de Niterói, no Rio de Janeiro, em 2007, parte do telhado e da laje da cúpula central caiu, atrasando o início das aulas para cerca de três mil alunos. Por causa de infiltrações recorrentes, várias salas de aula já tinham sido interditadas no ano anterior. Numa escola municipal de São Bernardo do Campo, em São Paulo, em 2008, o teto de duas salas de aula desabou, faltando meia hora para as crianças entrarem. Numa cidade de Pernambuco, em 2009, o teto de uma sala de aula de um colégio público desabou: duas estudantes ficaram feridas. Em 2010, parte do teto de uma sala de aula de uma escola municipal em Vitória, capital do Espírito Santo, caiu. A estrutura desabou 10 minutos depois que as crianças tinham saído. Em 2011, o teto de uma escola estadual em Fortaleza desabou, ferindo 13 estudantes, entre os quais uma adolescente grávida. Até uma futura reedição deste livro, espero não ter encontrado notícias sobre mais tetos caindo sobre a cabeça de nossos alunos e mestres. Ou teremos de admitir que no Brasil sempre teremos educação sem-teto?

Numa cidade da Bahia, por falta de carteiras, alunos de uma escola pública sentam-se em cadeiras de bar, emprestadas generosamente pelo dono de um estabelecimento próximo, e não recebem tarefas para realizar em casa porque a única máquina de xerox da escola está quebrada há meses. Numa cidade de Goiás, uma escola possui um único banheiro disponível para todos: funcionários, professores e estudantes. O banheiro está localizado... dentro de uma sala de aula, e sem porta. Apenas uma leve cortina defende heroicamente a separação mínima entre os dois espaços. Num colégio estadual localizado na periferia da cidade de São Paulo, não há funcionários para cuidar da manutenção. Os pais dos alunos fazem a limpeza. A mãe de um dos alunos desabafou: "Como não tem funcionário para trabalhar, o banheiro fica imundo, e o pátio é uma nojeira". Numa escola pública de uma cidade de Santa Catarina, os pais fizeram um levantamento das péssimas condições materiais e entregaram o relatório ao prefeito: goteiras, telhado caindo, carteiras quebradas, piso soltando, paredes com infiltração, rachaduras, mofo, falta de material, e um longo etc. Uma tradicional escola estadual no Rio Grande do Sul encontra-se em avançado estado de degradação: vidros de janelas quebrados, pichação nos muros e nas paredes internas, sujeira nos banheiros, lousas que deveriam ter sido substituídas há duas décadas e, na sala dos professores, armários sem dono, eternamente fechados por cadeados cujas chaves estão perdidas.

Recebi por *e-mail* o testemunho de um professor que poderá ser endossado em boa parte por muitos de nós:

> Trabalhar em sala de aula é difícil: você tem sala de aula com 45 ou 50 alunos, e não é fácil manter a disciplina com esse número. Eu já tive sala de aula com 72 alunos. É só na base da garganta, só que a garganta tem limite... Se numa sala de aula com 50 alunos, quatro ou cinco não estão interessados, já se torna impossível, você tem que trancar a porta, a cada momento algum aluno quer sair

> porque não está a fim de assistir à aula... O número ideal é de 25 alunos por sala, em minha opinião. Caso contrário, o professor fica estressado, cansado, nervoso. Você fica irritado com a mulher, sua mulher fica irritada com você, você fica irritado no trânsito, você fica irritado com seu filho. A sala de aula é uma barulheira completa, é aluno conversando, brigando, pedindo atenção... Muitos professores se afastam por problemas psicológicos, estão caindo em depressão, insônia, angústia. Muitas vezes você tem vontade de mudar de profissão, e o que segura é a família, são os filhos, é a profissão em si, são os colegas. Quando você é bem relacionado numa escola, você se diverte na sala dos professores, conversa – é um alívio por 15 ou 20 minutos. Mas é entrar na sala de aula com aqueles alunos todos, e parece que são 45 ou 50 inimigos...

Não estamos falando de um mundo inventado durante pesadelos e delírios. Trata-se de realidade vivida e documentada. Não podemos afirmar que seja sempre assim em todos os tempos e lugares. Seria injustiça e falta de visão. Encontramos relatos positivos e experiências docentes fantásticas, e esse outro lado da realidade também precisamos avaliar a fim de distinguir e divulgar seus valores.

Idealmente, o desejável seria conhecermos a fundo as experiências profissionais que cada professor brasileiro acumulou nos últimos cinco ou dez anos, como protagonista e como testemunha de situações educacionais variadas. Reunindo do melhor e do bom, do ruim e do pior, teríamos copioso material de pesquisa para uma avaliação objetiva, profunda, à altura da complexa realidade educacional.

Darei uma contribuição a título de exemplo. Faz algum tempo, realizei uma vivência voluntária, uma observação pedagógica a olho nu. Escolhi uma escola pública de São Paulo, capital, localizada num bairro da região central, e, solicitando a devida autorização à diretoria e ao professor, assisti a uma aula de Filosofia para alunos do ensino médio. Escrevi o seguinte relatório:

> A observação da aula ministrada deu-se no período da manhã de uma tradicional escola estadual na cidade de São Paulo, em setembro de 2010. Havia 27 alunos em sala, embora da lista de chamada constassem 40 alunos. Verifiquei que essa diferença se devia ao fato de que alguns alunos foram transferidos, e outros

tantos faltaram. É possível que houvesse também alguns casos de desistência, não registrados oficialmente.

O ambiente físico, a rigor, não contribuía para o exercício do ócio filosófico, a mais bela dentre as atividades que o ser pensante pode realizar. A sala de aula estava empoeirada, as carteiras sujas, com escritos e desenhos jocosos, as paredes encardidas, os vidros das janelas embaçados. As janelas, com grades, lembrando um cárcere. Um armário de ferro arrebentado terá guardado, outrora, os livros e cadernos dos alunos que lá estudaram em outras décadas. Não há nenhum tipo de recurso tecnológico. Não há, exceto pelo material didático criado pela Secretaria de Educação, nenhum outro livro, nenhuma revista, nenhum acesso a nenhum tipo de mídia.

Após a realização da chamada, que durou cerca de 15 minutos, o professor solicitou aos alunos que apresentassem suas respostas a uma única questão sobre Introdução à Política (teorias do Estado: socialismo, anarquismos, liberalismos, totalitarismos), que corresponde ao conteúdo curricular previsto para o terceiro bimestre. Essas respostas tinham sido solicitadas como tarefa de casa na semana anterior.

Nenhum aluno havia respondido, e o professor não se preocupou em buscar justificativas ou explicações. O tempo da aula, decidiu, seria integralmente destinado a essa finalidade: responder a uma questão. À questão número 13. E nada mais.

Cada aluno, à medida que concluía a tarefa, apresentava-a ao professor, recebendo 1 ponto a ser acrescentado à nota final. O professor conversava com os alunos mais interessados, individualmente, a fim de ajudá-los a responder.

Sete alunos não tinham em mãos o material didático (apostila) e não realizaram a atividade. Estavam apáticos e indiferentes à aula. Mantiveram-se sentados e de nada participaram. O professor tentou animá-los, mas não se notava neles nenhuma adesão, nenhum interesse. No primeiro semestre, ao que tudo indica, o "Por que estudar Filosofia?", tema previsto para o início da disciplina, não suscitou neles a menor curiosidade, não os sensibilizou.

Havia um grupo de dez alunos interessados efetivamente. Obedeceram à recomendação do professor, foram até a mesa dele, apresentaram respostas e obtiveram o ponto. Não se estabeleceu, porém, nenhum tipo de debate mais amplo e esclarecedor. Os dez alunos não exercem protagonismo algum. Não são valorizados perante os demais colegas da classe.

Um grupo de cinco rapazes não se integrou à atividade, inicialmente. Estavam conversando sobre futebol e esqueitismo. Num

> segundo momento, copiaram a resposta de uma aluna, sob o olhar complacente do professor. Também obtiveram o ponto para sua aprovação no final do ano. Esse grupo passou a maior parte do tempo brincando: suas energias não são capitalizadas por nenhum tipo de iniciativa didática.
>
> Um outro grupo de cinco alunos (um rapaz e quatro moças), no fundo da sala, conversava alegremente. Não realizaram a tarefa, nem antes nem durante a aula. O professor pediu que respondessem à questão. Seu pedido caiu no nada. Percebia-se que esses alunos não têm o gosto nem o hábito do pensamento filosófico. É muito provável que o conteúdo do segundo bimestre sobre pensamento lógico, pensamento mítico, senso comum, ideologia, religião, arte e ciência pouco ou nada os motivou.
>
> Não houve nenhuma intervenção mais enérgica ou criativa do professor, no sentido de apresentar aos alunos a importância de uma discussão sobre o modo como as pessoas se organizam politicamente. Não houve nem a mais leve alusão à experiência social dos alunos. Em pleno momento de campanha eleitoral [em outubro haveria eleições no país], mesmo com a quantidade de fatos políticos mobilizando a mídia, estando em conflito maneiras diferentes de conceber a sociedade e o exercício do poder, nenhuma relação entre conteúdo curricular e a vida "lá fora" foi sequer esboçada.
>
> Os alunos pareciam habituados a esse tipo de marasmo. Na lousa, um longo texto sobre erosão, deixado ali desde a aula anterior de uma outra disciplina, permaneceu intacto, testemunhando outro tipo de desgaste. O eros filosófico primou pela ausência!

Após a aula, conversei brevemente com o professor. Além de exercer o magistério como funcionário público, contou-me que atuava como líder de uma comunidade religiosa. Recebia pelas aulas, poucas, de Filosofia um salário baixo. Suficiente para despesas menores. Seu objetivo de vida real, o que me fez compreender melhor o que tinha acabado de presenciar, era conduzir o rebanho que lhe foi confiado por seus superiores eclesiásticos. Quanto à educação, quanto à filosofia, quanto aos alunos, perguntou-me, um tanto desesperançoso, o que eu achara daquele "inferno" e se não percebera como nós, professores, somos "reféns do sistema". Um tanto escandalizado, eu não soube o que responder. Confidenciou-me que, ao longo de seis meses, só avistara o diretor da escola duas vezes, e com ele trocou três ou quatro palavras, não mais.

Avaliar em busca do melhor

O principal objetivo da avaliação consiste em buscar e valorizar o melhor. O ideal, no mau sentido da palavra, é o inacessível desanimador. O ideal que desconhece as circunstâncias concretas é uma bela abstração que alimenta não menos belas utopias. E nada tenho contra utopias. Se somos capazes de imaginar um mundo sem violência, um país sem desigualdades e injustiças, uma sociedade sem ódio, sem preconceitos, uma escola sem defeitos, é porque, de fato, temos uma imagem de perfeição gravada em nossas entranhas. Somos seres perfectíveis. Não sufoquemos, portanto, o grito do idealismo, a sede da perfeição.

No entanto, o ideal abstrato, modelo criado independentemente do realismo e do pragmatismo, habitará as nuvens longínquas de um futuro sem data. Esse ideal acabaria provocando o efeito contrário: perplexidade, humilhação, desânimo, ceticismo e, no limite, cinismo.

> Uma avaliação premiadora/punitiva, sumária e estigmatizadora não recobre todos os aspectos de uma realidade.

Construções mentais são ótimas... em contextos vagos e sublimes. Podem alimentar literatura de autoajuda pedagógica ou dissertações e teses com vasta bibliografia. Mas há algo menos ótimo... e melhor. Uma avaliação concreta e bem direcionada quer conhecer a realidade em sua crueza/beleza. E, diante dela, propor o melhor, propor aprofundamentos, mudanças e alternativas, dentro dos limites impostos pelas circunstâncias. Isso significa, na prática, envolver avaliadores e avaliados.

Nesse envolvimento, chegaremos ao estágio superior da autoavaliação, que pressupõe maturidade docente e capacidade de superação contínua. Porém, como etapa necessária, temos de realizar avaliações externas, que serão adequadas se souberem dialogar com quem estiver sendo avaliado.

A avaliação dialógica terá de ser mobilizadora. Avaliar para simplesmente classificar, no início, no meio ou no fim de um processo, transforma o sujeito avaliado em objeto aquilatado e enquadrado. Avaliar para fomentar *rankings* acaba por estigmatizar mais do que estimular. Avaliar para que se façam comparações entre "ótimos", "bons" "medianos", "ruins" e "péssimos" é recair no velho defeito das avaliações reduzidas a julgamentos sumários.

Classificação convida a premiações e castigos. Avaliar para recompensar uns e punir outros desqualifica o próprio trabalho de avaliação, convertendo-o muitas vezes em instrumento de dominação, e não em oportunidade de promoção do outro. E que fique claro que avaliar não é bajular quem precisa melhorar nem dizer que as falhas inexistem.

E por que não aumentar o número de adesivos, matizando com maior precisão? Além dos cinco qualificativos clássicos, concedamos aos avaliados a chance de lutarem por novos e variados graus, mais específicos, mais delimitadores, com os quais seu fracasso fique mais ou menos vexatório, e seu sucesso, mais ou menos satisfatório, sempre em nome da exatidão. Teremos, assim, entre os dois extremos, "ótimo" e "péssimo", outras possibilidades: "benigno", "proveitoso", "seguro", "eficaz", "propício", "favorável", "inofensivo", "moderado", "deletério", "deplorável", "ominoso", "pífio"...

Uma avaliação premiadora/punitiva, sumária e estigmatizadora não recobre todos os aspectos de uma realidade. Nada é tão bom que não tenha aspectos negativos, e nada é tão ruim que não possua aspectos positivos. Avaliações limitadas, não raro apoiadas sobre o argumento da meritocracia, geralmente atrapalham mais do que ajudam. Em contrapartida, uma avaliação cautelosa, preocupada em abarcar o máximo de dados, atenta ao sujeito e à sua conjuntura, reúne boas condições para iluminar e orientar.

Devemos, portanto, ter informações sobre a confiabilidade de um processo avaliativo, saber se ele possui qualidade para qualificar e conhecer seus méritos e suas credenciais. Uma avaliação pobre de visão deturpa a realidade, presta enorme desserviço e prejudica os avaliados. Por outra parte, uma avaliação confiável oferece espaço para que o avaliado se conheça e lhe sugere instrumentos para que, reconhecendo suas dificuldades e problemas objetivos, possa ultrapassá-los.

O desejo de (não) ser avaliado

Ser avaliado, em qualquer terreno, não é agradável. Porque temos receio de ser reprovados. A palavra "réprobo", ou seja, aquele que não teve um bom resultado nas provas a que foi submetido e foi reprovado, era palavra utilizada para designar, em tempos de teologia mais ativa, os condenados ao inferno. Mesmo sem o caráter religioso, indica aquele que será banido de um grupo social. Será condenado e banido por não ter atendido às exigências estabelecidas, por não ter obedecido aos mandamentos, por ter sido negligente, talvez (com maior ou menor culpa), por não ter correspondido às expectativas, por ser incapaz.

Ninguém gosta de ser considerado incapacitado, embora essa condição limitante seja, na verdade, um denominador comum, uma das bases da solidariedade humana. Devemos ser solidários, claro, em razão de princípios superiores, em nome de ideias humanísticas, mas também, descendo às questões práticas e ao cotidiano, porque todos precisamos ser complementados uns pelos outros, todos somos dependentes uns dos outros em algum aspecto, em alguma circunstância, em alguma medida.

Os avaliadores reprovadores esquecem suas próprias incapacidades e as escondem por detrás do olhar severo, da voz impositiva, do nariz empinado. Um amigo meu, professor de Filosofia, contava-me que, quando defendeu sua dissertação de mestrado sobre o pensamento de John Dewey, recebeu duras críticas de um dos componentes da banca examinadora. O eminente acadêmico, de reconhecido prestígio, perguntou-lhe secamente:

– O senhor leu os textos de John Dewey no original?

O mestrando respondeu com sinceridade:

– Tenho dificuldades com o inglês, professor, e me servi de algumas traduções para o espanhol e para o português.

– O quê? Isso é um absurdo! Eu bem desconfiava. Isso compromete gravemente sua pesquisa! Como pode alguém, pleiteando receber o título de mestre em Filosofia numa das melhores universidades do país, desconhecer o idioma do pensador cujo trabalho pretende analisar? Creio que o senhor deveria ter escolhido outro autor para tema de sua dissertação, ou então deveria, antes de inscrever-se no mestrado, ter feito um desses cursinhos de inglês que pululam por aí...

O silêncio se impôs. O mestrando, envergonhado, olhava para um ponto fixo. Depois de uma eternidade de constrangimento geral, o candidato ousou falar:

– Professor, compreendo sua indignação, mas gostaria de defender-me. As traduções que utilizei, e estão mencionadas na dissertação, foram realizadas por pessoas criteriosas e publicadas por editoras conceituadas. Minha pesquisa foi rigorosa, e tenho certeza de que apreendi corretamente o pensamento de Dewey. E, com sua licença, gostaria também de lhe fazer uma pergunta...

– Uma pergunta? Pois não, pode fazê-la.

– Sei que o senhor, em sua dissertação de mestrado, estudou o pensamento de Sócrates. Mais concretamente o conceito de maiêutica. Por acaso o senhor, para sua pesquisa, leu os textos de Platão em grego?

O avaliador gelou. Seus ombros despencaram. Sua face empalideceu. A avaliação saiu pela culatra. Naquela altura da vida, de fato, era bem jovem, e lera os textos de Platão em traduções francesas e inglesas. Acabara de concluir a graduação e ainda não se aventurara a estudar o grego com a profundidade necessária para enfrentar o filósofo no idioma original. Calou-se o avaliador, com um sorriso amarelo. Deu por encerrada sua arguição. A dissertação do candidato foi aprovada.

O critério de avaliação, em si, nesse caso, não deixa de ser válido. Uma pesquisa filosófica deve ser rigorosa, e o aprendizado do idioma no qual um pensador escreveu sua obra é fundamental. O escritor espanhol Miguel de Unamuno, para citar um caso emblemático, só se considerou apto a estudar Søren Kierkegaard quando aprendeu o idioma dinamarquês e leu os textos desse filósofo no original. Karl Marx estudou a língua russa para ler no original as obras de literatura que espelhavam as relações sociais naquele país. Um caso brasileiro: o escritor carioca Alberto Mussa estudou árabe porque desejava ler poesia pré-islâmica no original, em vista de um projeto pessoal de criação literária.

> O avaliador deve avaliar e ser avaliado. Todos, aliás, podemos e devemos exercer os dois papéis.

Não devemos rebaixar exigência alguma em nome de nossas deficiências ou exagerar a importância de alguma exigência em nome de preferências pessoais. A objetividade de uma avaliação deve valer para todos. O avaliador não precisa abrir mão de bons critérios, que valem o que valem, apenas porque ele próprio tem suas limitações. Não deve, igualmente, considerar únicos certos critérios, em detrimento de outros, se estes lhe caem bem. A humildade, numa clássica definição cristã, é a verdade. E a verdade vale, mesmo que seu defensor não seja perfeito, mesmo que seu defensor... se considere perfeito. O avaliador pode não ser perfeito (e ninguém o é), mas deve ter a humildade (a humanidade, etimologicamente falando) de lutar em nome do que é melhor.

O avaliador deve avaliar e ser avaliado. Todos, aliás, podemos e devemos exercer os dois papéis. De certo modo, é muito salutar e formativo que os professores, que têm entre suas principais funções a de avaliar os alunos, sejam com frequência avaliados.

Cultivemos, portanto, o desejo de ser avaliados. Aprendemos quando somos confrontados com o melhor. Nesse sentido, brincando com a frase feita, o melhor ainda está por vir. O melhor está no porvir. Ainda temos futuro quando aceitamos a falha e o fracasso como parte do jogo. Vivendo e aprendendo significa que viver é corrigir-se. E pode corrigir-se quem se deixa avaliar.

Avaliação individualizante

Era uma vez um professor gigantesco chamado Procrusto, que, perdido em suas meditações, concluiu ser grave injustiça haver alunos com empenhos e desempenhos tão diversos. Por que uns compõem poemas e outros edificam pontes? Por que uns falam bem e outros preferem dançar? Por que uns fazem cálculos de cabeça e outros, péssimos matemáticos, são ótimos desenhistas?

Professor Procrusto (seu nome significa, em grego, "aquele que fere suas vítimas previamente") decidiu, então, construir em sua caverna dois leitos. Na cama menor fazia deitar os mais altos e, vendo seus corpos ultrapassarem os limites da cama, cortava-lhes as pernas, para que esses alunos não se sobressaíssem na multidão. Os mais baixos, ele colocava na cama mais comprida e, vendo seus corpos aquém do espaço disponível, esticava-lhes com cordas e marteladas, para que se ajustassem ao tamanho desejável.

Alguns homens decepados ou repuxados saíam (quando com vida saíam) xingando o professor e amaldiçoando a escola, mas saíam com a mesma estatura, e nenhum deles se considerava privilegiado perante os outros. E havia, por incrível que pareça, aqueles que, mesmo humilhados, saíam satisfeitos por terem sobrevivido à prova.

Professor Procrusto pregava a homogeneização como salvação para uma sociedade injusta. Mutilando e esticando, fazia com que todos se tornassem iguais; e se morriam em consequência da prova a que eram submetidos, também se tornavam iguais: a morte a todos trata da mesma forma.

Certo dia, um jovem professor chamado Teseu ouviu as histórias que se contavam sobre a prática de Procrusto. Encontraram-se e debateram:

– Tu precisas admitir que estou agindo de maneira razoável –, disse-lhe Procrusto, orgulhoso.

Respondeu-lhe Teseu:

– Tu ages de maneira absurda!

E jogando Procrusto na cama pequena, prosseguiu:

– Não compreendes? Os alunos são desiguais. Cada um tem o direito de ser tratado como é, e, se querias uma solução para as diferenças, poderias incentivar os menores a subirem aos ombros dos maiores, para mais longe verem, e ensinar os mais altos a conversarem com os pequenos para saberem o ponto de vista destes.

Dito isso, Teseu cortou as pernas de Procrusto e, porque ele era um gigante especialmente grande, cortou-lhe também a cabeça, que ainda murmurava ao ser decepada:

– Eu só queria ser um professor justo. Eu só queria preparar meus alunos para o mundo lá fora...

A avaliação objetiva, justa, valiosa enfim, orienta-se por valores, mas não usa esses valores *contra* as pessoas. Uma avaliação valiosa considera cada pessoa em sua singularidade e cada contexto em sua peculiaridade. Todos os professores sabem que seu desempenho profissional numa sala de aula não é ação unilateral, independente, dominadora, todo-poderosa. Todos sabemos, e podemos apresentar dezenas de exemplos comprovadores, como é impossível obter resultados idênticos em todos os momentos, todos os dias, em todos os lugares em que atuamos, por maior que seja nossa boa vontade, por mais preparados que estejamos. Uma estratégia, uma ideia ou um argumento oportunos numa sala de aula, tendo-se em vista certos objetivos, com determinado grupo de alunos, podem ser inconvenientes e frustrantes com outro grupo, ou sendo outros os objetivos. Mais ainda: podemos obter resultados muito diferentes até mesmo com idêntico grupo de alunos, perseguindo idênticos objetivos, mas numa nova situação, em outro contexto.

Do mesmo modo que as fórmulas são insuficientes na prática didática – e os que estão aprisionados por essas fórmulas abstratas não compreendem que os problemas fundamentais da educação são, antes de tudo, problemas filosóficos, voltados para o concreto –, assim também avaliações que não observem e interpretem filosoficamente a realidade concreta de cada aluno ficarão sempre aquém do que se espera de uma avaliação. Esse mesmo raciocínio deve ser adotado com relação à avaliação, que, sendo adequadamente concebida e bem aplicada, dirá em que medida nós, professores, temos valor.

A avaliação justa é aquela que, fazendo justiça aos critérios, não submete o avaliado a uma saia justa.

A avaliação inteligente é aquela que não restringe a duas ou três habilidades, a dois ou três interesses tudo aquilo que a inteligência pode inteligir.

A avaliação objetiva leva em conta o mundo não objetivo, cria condições para que cada sujeito melhore, isto é, redescubra e ative suas qualidades.

A avaliação valiosa não se faz em dois tempos, como quem separasse bananas-verdes de bananas maduras.

A avaliação que promove estimula o avaliado a praticar a autoavaliação.

A arte de autoavaliar-se

Numa das faculdades particulares em que eu trabalhei, fui abordado por um de meus alunos. Perguntou-me ele, em tom de brincadeira:

– Professor, o senhor por acaso sabe o que é uma faculdade particular?

Para exercitar-me na maiêutica socrática, disse-lhe que estava muito longe de saber, mas que meu desejo maior era aprender. Eu ficaria grato se ele me ajudasse a descobrir. E o rapaz continuou:

– Ora, professor, uma faculdade particular é uma empresa que vende diplomas!

Fiquei bastante incomodado com a resposta. Mas, acreditando que naquele começo de diálogo platônico, em pleno século XXI, poderia eu fazer meu presunçoso discípulo encontrar a luz da verdade, respondi com admiração, sinal de abertura para adquirir sabedoria:

– Você está falando a sério? E você, aluno de uma faculdade particular, como você se definiria?

– Ah, professor, a resposta é óbvia: eu sou um cliente que veio comprar diploma!

Teria ido o aluno longe demais naquela perigosa brincadeira? Teria ele consciência de que o valor do humor, perdido, abre as portas da zombaria? Para fazê-lo pensar em todas as dimensões do problema, lancei-lhe outra questão:

– E eu, meu caro aluno, o que eu faço aqui dentro? Qual o papel dos professores?

– Professor, desculpe se vou decepcioná-lo, mas os professores são aqueles que atrapalham as negociações!

Evidentemente, mesmo sabendo que se trata de uma piada, devo discordar de meu aluno. Rir com ele e, depois, procurar entender, com ele, as razões do riso. Porque, afinal de contas, conheço o valor de educar, a ele aderi, e esse valor não tem preço. Porque procuro autoavaliar-me com frequência, sei muito bem que minha tarefa não é atrapalhar esse tipo de negociação. Ou por outra – meu papel é conferir a essa suposta negociação um significado menos comercial e mais intelectual, um sentido menos venal e mais espiritual.

A autoavaliação nos protege de avaliações injustas ou sem graça. Não se impresiona com críticas fortes ou elogios maliciosos. E também é boa vacina contra vitimismos, como no caso daquele professor que, com voz lamentosa, disse a seus alunos, num momento de confusa sinceridade:

– Ah... se eu, no meu tempo de estudante, tivesse tido o professor que vocês têm... eu hoje não estaria dando aulas para vocês...

A autoavaliação parte de algumas premissas. Uma delas é a de que ninguém está preso a um patamar de desempenho. Sempre podemos nos aperfeiçoar. Melhor que está pode ficar. Não se trata de reciclar... verbo mais adequado para o tratamento do lixo.

Outra premissa adotada por professores que se autoavaliam: a realidade circunstante contribui para que sejamos melhores ou piores. Ambientes degradados nos degradam. Conversas primorosas nos aprimoram. Leituras exigentes nos ajudam a ser mais autoexigentes.

Uma terceira premissa diz que a autoavaliação só faz sentido se for acompanhada pela criação de grandes expectativas. Qualquer resultado de uma autoavaliação é resultado parcial. Estamos sempre para começar o segundo tempo. O jogo não vai terminar tão cedo. Perder uma batalha nos ensina a ganhar a guerra. O último conselho que devemos aceitar (ou oferecer) é aquele que o aviador ouviu de sua preocupada mãe: "Meu filho, cuidado, voe devagar e baixinho!".

A quarta premissa nos remete à errologia, de que falei quando conversamos sobre as qualidades do professor. Só erramos quando somos exigidos um pouco mais além, um pouco mais forte, um pouco mais alto. Por um momento, o erro nos faz pensar que chegamos ao último e intransponível obstáculo. De certo modo, é verdade. Porém, para os estudiosos e praticantes da errologia, é muito comum descobrir que os obstáculos podem diminuir ou mesmo desaparecer. A palavra "exigir" provém do latim *exigere*, vocábulo composto de *ex* mais *agere* – trata-se de um "levar para fora". Saímos para fora de nós mesmos... e descobrimos que os obstáculos internos tendem a ser maiores do que os externos!

Assim como a avaliação malfeita causa problemas para o avaliador e para o avaliado, também a autoavaliação bem conduzida, que abre portas e ergue pontes para aquele que se avalia, transforma-se em avaliação reveladora. O que será revelado, cada situação o dirá, e em cada situação teremos de fazer opções, como nesta breve história contada nos meios teatrais sobre o modo como Augusto Boal educava seus atores:

Certa feita, um jovem ator estava preocupado por interpretar o papel de um torturador. É que o interpretava muito bem! Estava até gostando de tudo aquilo, dos instrumentos de tortura, dos gritos das vítimas, a perversa alegria... Estava se sentindo realizado!

Então foi procurar Augusto Boal, o diretor, para lhe pedir ajuda – seria ele, afinal, um torturador nato, um monstro em pele de ator? Boal o tranquilizou:

– É claro que você é um torturador nato! Todos nós podemos ser tudo o que quisermos! A nossa culpa não está em poder ser... mas em escolher o que jamais deveríamos ser!

A *valorização* do *professor*

Quanto valem os professores?

Quanto valem um professor, uma professora? Quanto custam, eu não sei. Professores não têm preço. E quantas vezes se contentam apenas com nosso apreço...

São outras as perguntas. Quanto valem um professor, uma professora? Qual o seu valor? Por que há alunos que desprezam seus professores? Por que alguns professores tornam-se proletários explorados – explorados e desvalorizados por aqueles que deveriam, ao contrário, agradecer a esses profissionais o trabalho que realizam? Por que os professores têm sofrido agressões físicas e psicológicas no ambiente escolar? E, para além do real, por que, no Orkut, se encontram centenas de comunidades intituladas "Odeio a professora Fulana", "Odeio meu professor de Matemática"... Ora, por que são odiados os professores?

São apenas pontos de interrogação, como dizia o cantor Gonzaguinha.

Aliás, quanto valem esses pontos todos? Quanto valem essas perguntas todas? Este livro, já agora em seu último capítulo: quanto valem suas argumentações, suas histórias, seus apelos, suas análises e considerações? Que destino terá tudo isso, no final de mais um ano letivo?

Professores têm defeitos e manias. Professores podem cometer erros e injustiças. Contaram-me que uma aluna de oito anos, tentando agradar a professora, escrevia com extremo cuidado, caprichando na letra. Demorava a realizar sua tarefa escrita. Queria receber o elogio pela caligrafia bonita. E a professora se aproximou da menina. E disse, em tom ríspido:

– Como você é preguiçosa! Escreva mais rápido!

Na sala dos professores de uma faculdade, ouviu-se o seguinte comentário de uma docente:

– Tenho vários alunos que dá vontade de jogar na latrina e apertar a descarga!

E o pior é que nenhum dos ali presentes pareceu espantar-se. Alguns de seus colegas até parabenizaram a formulação! A autora do desabafo era uma professora jovem, já encarquilhada por esse estranho ódio aos alunos que por vezes se instala no coração docente.

Apesar de nossos erros e defeitos, patrimônio e riqueza de toda a humanidade, quanto valem um professor, uma professora, trabalhando em condições que levam ao estresse? Ao esgotamento físico e mental? Como não ver que uma sala com 40 alunos ou mais é demais? E quanto valem um professor, uma professora, em circunstâncias materiais melhores, recebendo salário adequado, apoio institucional, acesso a diferentes recursos didáticos, mas, ainda assim, desvalorizados?

Não faltam relatos de professores que trabalham em prestigiosas escolas cujos alunos, provenientes de famílias ricas ou de classe média, dizem, apontando o dedo em riste para seus mestres, sem nenhuma ponta de carinho: "Quem paga seu salário é meu pai, está ouvindo? Então você tem é que me aguentar, e sem reclamar!".

Quanto vale a queixa de um professor contra a indisciplina na sala de aula, contra o desrespeito de que se sente alvo? Há inúmeras formas de desrespeitar um profissional. Os professores são desvalorizados, por exemplo, quando não são ouvidos por seus alunos, dentro da sala de aula ou quando, em outras salas do colégio, são menos ouvidos ainda por seus coordenadores e diretores.

A propósito, quanto vale a palavra dos professores? E seus valores, aqueles que os levaram a escolher a profissão, ainda valem?

Quanto valem suas qualidades docentes, suas iniciativas didáticas? Quanto valem seus sentimentos? Quanto valem suas horas, diurnas, noturnas? Quanto valem seus feriados e finais de semana, dias e noites que, em vez de destinados ao descanso, foram dedicados à correção das provas, dos exames, dos trabalhos escolares, à preparação de novas aulas?

Perguntaram ao pintor Pablo Picasso por que cobrava preços astronômicos pelos quadros que pintava num prazo não superior a três dias. O artista corrigiu os interlocutores: "Três dias não... três dias e 50 anos!". Uma aula criativa, de 50 minutos, não tem apenas 50 minutos nem vale alguns trocados. Tem 50 minutos e dez anos, 50 minutos e 20 anos de ciência e paciência, lutas e leituras, pesquisa e suor, envolvimento, dedicação de tempo, aprendizado, entrega (mas nada de obediência cega), abnegação sem cair no perigo das miragens.

E muita, muita coragem. Atuar no ensino exige valor, numa acepção que os dicionários também registram: valor como coragem, valentia, intrepidez. Quanto vale a coragem dos professores que, apesar dos pesares, e até dos pesadelos, vão para a escola mostrar seu valor? Quanto valem os professores que, errando e acertando, aprendem e reaprendem o tempo todo novos modos de ensinar?

O dia a dia docente

Certa vez, na década de 1990, um adolescente chamado Rafael me procurou para pedir orientação: como escrever uma redação melhor, uma redação que não sofresse dos velhos lugares-comuns? O vestibular se aproximava em seu horizonte. Embora estivesse estudando num dos mais conceituados colégios particulares de São Paulo, não obtinha boas notas com o que escrevia nas aulas de Língua Portuguesa. Precisava de ajuda externa. Queria "dicas" novas.

Sugeri a ele o exercício de escrever todos os dias, fazer um diário, descrever seu cotidiano. A partir de uma avaliação de seu texto, de suas motivações e seus interesses, poderíamos pensar juntos em algumas possibilidades estilísticas, descobrir algumas indicações concretas.

Uma semana depois, Rafael voltou. Estava triste, acabrunhado. Perguntei-lhe a respeito do diário. Disse-me que tentara fazer o melhor possível. Mostrou-me um caderno meio amassado. Pediu que eu lesse as poucas páginas iniciais. Comecei a ler em voz alta:

> *Primeiro dia* – acordei, levantei, tomei café, fui pra escola, voltei, almocei, vi televisão, lanchei, fui ao clube, voltei, fiz as tarefas da escola, jantei, vi televisão, fui dormir.
>
> *Segundo dia* – acordei, levantei, fui pra escola, voltei, almocei, fiz as tarefas da escola, dei uma saída, voltei, vi televisão, jantei, fui dormir.
>
> *Terceiro dia* – acordei, levantei, fui pra escola...

E ele, choroso, interrompeu-me nesse ponto da leitura:

– Viu? Na minha vida não acontece nada!

– Sim – respondi –, na sua vida não acontece *nada*! E sabe por quê?

– Não...

– É que você está levando sua vida muito a sério! Você vai, cumpre suas obrigações, quer ser um bom aluno, quer ingressar numa boa faculdade, mas não está aproveitando o que há na vida de mais importante e mais divertido.

– Mas o que há de mais importante e divertido?

– O mais importante e divertido não é o que você faz na vida, mas o que você faz *da* vida. Você, Rafael, não está desenhando sua vida com a mesma paixão daquele outro Rafael, um artista...

– Quem?

– Rafael Sanzio, um dos maiores do Renascimento italiano. Ele dizia: "O pintor não deve representar a natureza tal como é, mas como deveria ser".

– Não entendi.

– Quando uma pessoa diz que em sua vida não acontece nada, é porque essa pessoa não faz nada para sua vida inovar-se, renovar-se. Diz o poeta gaúcho Carlos Nejar: "Viver é depor". Esse depoimento significa algo, você não acha? Que tal inventar um novo diário para o seu dia a dia?

A vida docente também precisa ser reinventada, para que o dia a dia de Rafael não seja uma sucessão de ações sem sentido. O dia a dia docente não pode resumir-se à rotina sem paixão e sem perdão, em que os desgostos se multiplicam, e o orgulho profissional se desvanece. Não pode ser, nossa vida de professores, existência obscurecida pelas obrigações, salpicada de reclamações (ainda que pertinentes e inevitáveis), a realização de atividades pouco criativas, repetitivas, nem um pouco apetitosas. Não é justo, para conosco, para com as crianças e os jovens, para com o país, em suma, que sejamos empregados/funcionários assalariados... e inferiorizados – em média, nós, professores brasileiros, ganhamos menos do que nossos colegas colombianos, chilenos e costa-riquenhos, e muito menos do que os professores europeus –, lutando pela sobrevivência, como se esta devesse ocupar o primeiro lugar em nossa escala de valores, em nossas prioridades existenciais.

Em outras palavras, pensando agora de modo positivo e assertivo, o dia a dia de um professor será atraente (melhores salários serão pagos por quem quiser usufruir do nosso trabalho), na medida em que seja um dia a dia entusiasmante, prova cabal de que vale a pena optar por determinados valores. No deserto, nós valemos o que valem nossos deuses. Entre esses valores, é hora de destacar, enfatizar com clareza máxima, *o próprio valor de ser professor*.

No dia a dia docente, será direito a conquistar e dever a cumprir, do professor, garantia de nossa valorização social, inovar e renovar a prática de ensinar. O sinal inequívoco do valor do professor é este saber provocar novas situações, construir novos cenários, desconstruir e reconstruir conceitos.

O filósofo Henri Bergson, professor de História da Filosofia Antiga no Collège de France no início do século passado, ao divulgar as notas de seus alunos, fazia-o acrescentando comentários e, nesses comentários, afirmava sua maneira bem pessoal de ver o mundo. Começava pelas notas mais baixas:

– Pierre, nota dois. Quero destacar, no entanto, que suas respostas foram muito originais, e algumas com um toque de ironia que me lembrou nosso Voltaire. Parabéns! Apesar de não corresponderem ao conteúdo pedido, suas considerações paralelas, errando o alvo, acertaram em cheio uma bela árvore. Pense em desenvolver seu estilo literário. Você deve ter um grande poeta escondido em sua pena. Mais uma vez, Pierre, meus parabéns!

Pierre não sabia como agradecer...

E assim ia Bergson, prodigalizando elogios e incentivos para os "fracassados". À medida que chegavam as notas mais altas, mudava o tom de voz, distribuía sérias críticas. Os primeiros colocados ouviam coisas assim:

– Charles, nota dez. Entristece-me, porém, o modo como respondeu. Acertadamente, sem dúvida, mas sem um mínimo de reflexão. Não posso recriminá-lo pela exatidão quanto às informações, tampouco pela correção gramatical de seu texto. Lamento, contudo, que sua memória seja mais prodigiosa do que sua imaginação. Esta sua vitória é a vitória dos que já sabem. Parabéns, de qualquer modo! Você tem um bom futuro à sua frente. Fica a minha esperança, no entanto, de que esse sucesso não o afaste da busca da verdade, sempre mais arriscada!

Charles agradecia, mas nem sabia direito por quê...

Possivelmente Bergson colocava em prática o pensamento de outro francês, Blaise Pascal. Para este, era necessário mostrar ao homem que ele não é anjo nem animal. Se alguém se exalta, devemos humilhá-lo. Se alguém se humilha, devemos exaltá-lo: "Contradigo-o sempre, até que ele compreenda que é um monstro incompreensível".

Como valorizar os professores?

Uma coisa se torna estimada e desejada por seu valor de uso. O ar é valioso. Sem ele, morremos asfixiados. Trata-se de uma constatação incontestável, mesmo que, respirando normalmente, "esqueçamos" o valor que o ar possui para a continuidade de nossa vida. O alimento é valioso, sinto necessidade dele. A fome é o melhor lembrete do quanto vale um bom prato. A água que mata a sede é valiosa, e a sede é o selo desse valor. Estamos no nível da sobrevivência imediata. Pão e água salvam uma vida.

> Para valorizar as palavras do professor, basta abrir-lhes nossos ouvidos.

O que confere valor a uma pessoa, a um profissional? Valorizamos alguém pelos bens que desse alguém recebemos. O filho valoriza a mãe, porque ela lhe oferece alimento e proteção. A palavra "mamãe" tem a mesma raiz das palavras "mamar" e "mamilo". O amor é faminto. O filho descobrirá que foi nas entranhas da mãe que seu corpo se formou. E outra descoberta lhe falta, de que também é filho do pai, que deve àquele homem a semente da vida, o sopro da vida. O medo da solidão e a necessidade de ajuda nas primeiras fases da vida me unirão aos demais parentes (que assim se chamam porque, de algum modo, me pariram também).

Os demais benfeitores que surgem ao longo da vida têm valor aos nossos olhos. Para além do círculo familiar, médico e sacerdote nos oferecem saúde física (salvação terrena) e saúde espiritual (salvação eterna). Se os reconhecemos como pessoas valiosas, sentiremos reverência por eles, na medida em que exercem sua função com autoridade, com conhecimento de causa.

Relembremos a frase agostiniana: *amare et amari*, "amar e ser amado", aqui está o essencial, o importante, o decisivo. Valorizamos quem nos ama, amamos quem nos valoriza. O amor é valor altíssimo, incalculável – ar, água e alimento imprescindíveis para nossa existência afetiva e espiritual. Tendemos a venerar quem cuida de nosso corpo, de nossa vida, de nossas necessidades, e acreditamos que o faz por amor incondicional, não por mesquinharia ou qualquer outro desvio. O mestre e a mestra serão valorizados na medida em que nos ofereçam um bem, demonstrando interesse sincero por nossa fome de conhecer. Quem nos alfabetizou nos fez nascer de novo, dentro agora do mundo lido-escrito.

Viver é conhecer. Aprender é viver melhor. Nascemos para aprender. Aprendemos o tempo todo. Vemos e ouvimos para aprender. Tocando a vida, aprendemos a viver. Se o mestre é um conhecedor, um sabedor, o que aprendo graças à presença dele, às palavras dele, à conduta dele é o que me fará valorizá-lo. Saber ensinar, por sua vez, é valorizar a inteligência do outro, deixar o outro aprender (Heidegger insistia nessa ideia), o que implica, do lado de quem aprende, o exercício da curiosidade e o interesse de trabalhar sobre o conteúdo transmitido.

O aprendente valorizado há de valorizar o ensinador. Pois aprendeu com este que alimento de graça na isca é morte certa. Daí que o aluno se sinta chamado a "pagar", com os trabalhos que faz, pelo conhecimento que lhe foi facultado, da creche à faculdade. O aprendente, a propósito, deve trabalhar tanto ou mais do que o professor.

Em sala de aula e em todos os lugares (todos os lugares são virtualmente bons para se aprender), o aluno que cada um de nós é compara o que sabia com o que aprendeu; seleciona do que aprendeu o que lhe interessa; adota, incorpora o que lhe interessava aprender. Para que eu possa conferir valor a um professor, é preciso que o professor saiba identificar-se com o valor do aprender, e que ele me ensine a aprender mais e melhor, na pré-escola, na escola e na pós-escola, no ensino formal ou informal, com livros ou com aplicativos, pelo método tradicional ou sem método nenhum, *ad infinitum*.

A valorização do docente depende de que ele me ensine a obter e manter a saúde intelectual. As palavras docentes são valiosas e me convidam a valorizar quem as pronuncia. Essas palavras me ensinam algo? Explanam? Explicam? Expõem? Esclarecem? Exemplificam? Demonstram? Inspiram? Orientam? Ao valorizar um professor que ensina, explica, expõe, demonstra, etc., posso traduzir esse reconhecimento em algum tipo de retribuição pecuniária. Não é o único modo de valorizar, embora seja muitíssimo bem-vindo: escritores como Manoel de Barros e João Ubaldo Ribeiro, em entrevistas, afirmaram agradecer os prêmios literários especialmente quando, além dos aplausos, o dinheiro manifesta de modo inequívoco a sinceridade dos elogios.

Para valorizar as palavras do professor, basta abrir-lhes nossos ouvidos. O poeta mexicano Octavio Paz dizia que as palavras não são *signos*, e sim *siglos* (séculos). A linguagem docente carrega séculos de conhecimento, de sabedoria, ou, então, bastaria que cada um acessasse a *web* para aprender seja o que for.

Somos insubstituíveis, mesmo na onipresença maquinal da informação. É como no caso dos jogadores de xadrez que enfrentam computadores, adversários dotados de poderosa inteligência artificial. Por mais fascinante e desafiador que seja enfrentar aquelas máquinas, a melhor partida, a mais emocionante, será sempre a que jogamos com outras pessoas, olho no olho, mano a mano, *tête-à-tête*.

Aprender com professores é sempre mais valioso. Um encontro com autênticos professores é um marco na vida de uma pessoa. Ela terá de si uma nova compreensão. Poderá fazer de si mesma duas imagens: como ponto de chegada e como ponto de partida. Tomando-se como ponto de chegada, verá os saberes que acumulou até então. Tomando-se como ponto de partida, recuperará a infância do saber, ampliará seu futuro.

É o fim...

Em seu livro *Amar é crime*, o escritor pernambucano Marcelino Freire, mestre no jogo das palavras, encerra-o não com um *The end* tradicional, mas com uma expressão sugestiva: "É o fim", que possui no contexto do livro conotação maliciosa. Entre suas acepções, "fim", nesse caso, significa "cessação da existência de algo", "ruína", "queda". É o fim do mundo, o fim do amor. E talvez seja tarde demais...

É agora o fim deste livro sobre o valor do professor. E que valor temos nós, afinal? Qual o papel e o valor da educação, hoje, o que equivale a perguntar sobre nosso papel, sobre nossa capacidade profissional, sobre o que esperamos de nós mesmos, sobre o que esperam de nós?

Várias vozes brasileiras contemporâneas proclamam o fim da educação, sua decadência, como neste texto da escritora e tradutora Lya Luft:

> Com o ensino cada vez pior – e ainda por cima sendo mais difícil conseguir uma reprovação –, temos gente saindo das universidades quase sem saber coordenar pensamentos e expressá-los por escrito, ou melhor: sem saber o que pensar das coisas, desinformados e desinteressados de quase tudo. Fico imaginando como será em algumas décadas. A ignorância alastrando-se pelas casas, escolas, universidades, escritórios, congressos, senados... Multidões consumistas ululando nas portas e corredores de gigantescos shoppings, países inteiros saindo da obscuridade – não pela democracia, mas para participar da orgia das aquisições, e entrar na modernidade.

Na catástrofe iminente, a educação falida é uma das principais causas. Os que alcançaram a universidade, depois de tudo, saem piores do que entraram, não sabem pensar, não sabem escrever, estão desinformados, apáticos. Só sabem consumir, e seus interesses são restritos e dignos de lástima.

Outra voz lastimosa, da psicóloga Rosely Sayão, vê na educação outros problemas desalentadores:

> Pior que está não fica. É preciso encontrar alternativas ao ensino falido existente em 98% das escolas privadas e públicas. [...] A escola hoje não serve para educar. Nem para educar para vida pública e muito menos para educar para a relação de conhecimento. A escola está mais preocupada que seus alunos aprendam conteúdo do que com a postura que deve ter para se relacionar com o conhecimento. Até o 5º ano do ensino fundamental, a gente deveria ensinar o que é ser aluno, o que é ter colegas, o que é agir coletivamente, quais as posturas físicas e mentais para se relacionar com o conhecimento.

Nos últimos dez anos, multiplicam-se artigos e editoriais na mídia impressa, na *web*, e notícias, reportagens e entrevistas nos telejornais sobre a precariedade da educação, sobre o clima de violência que ronda e invade as escolas, sobre o desempenho melancólico de milhões de nossos alunos em testes de avaliação, sobre o analfabetismo funcional, sobre a nossa posição ruim ou muitíssimo modesta em pesquisas brasileiras e internacionais em torno da qualidade educacional. Basta ler, basta assistir, basta ver e refletir. E, evitando, por favor, as queixas estéreis ou a busca inútil de culpados, dizer simplesmente... "Basta!".

Analistas da vida brasileira repetem o que todos já sabemos: é preciso cuidar da infraestrutura escolar, é preciso que nossas escolas tenham bibliotecas, quadras, ambientes limpos (as que possuem sempre apresentam indicadores de qualidade melhores). É preciso aumentar o número de escolas em tempo integral, é preciso que os gestores sejam sérios, responsáveis, criativos (e não apenas passivos guardiães da burocracia). É preciso imprimir efetivo caráter profissionalizante ao ensino médio, é preciso que os cursos de formação de professores sejam mais exigentes e atentos aos problemas reais da escola brasileira (sem descuidar, por isso mesmo, do estudo de filosofia da educação, sociologia da educação, psicologia da educação, etc.).

> A docência tem de se tornar uma carreira promissora, e não uma carreira promissória...

É fundamental que as novas tecnologias sejam integradas ao cotidiano dos estudantes e, sobretudo, é vital, é urgente prover as escolas de um corpo docente bem formado, bem remunerado e motivado por planos de carreira convidativos.

Podemos, portanto, afirmar que é o fim!

É o fim de um certo modo de pensar e gerir a educação. De nada vale (ou, para evitarmos radicalismos, muito pouco vale...) proclamar que tais ou tais metas devem ser atingidas em dez anos, em 20 anos, enquanto os professores, hoje, aqui, agora, não forem apoiados, atualizados, requalificados ("reciclados" não, palavra mais apropriada para dejetos...).

Se os professores não se sentirem prestigiados socialmente; se não forem valorizados pelas famílias, pelas instituições e, especialmente, pelo poder público, no âmbito federal, estadual e municipal; e se não se esforçarem, por outro lado, para adquirir uma preparação melhor (melhor formação, leitura de qualidade, experiências culturais significativas, etc.), todos os discursos "amorosos" ou demagógicos a respeito da educação continuarão produzindo o que produzem: nada!

Ou quase nada...

Ou, talvez, muitas lágrimas...

É o começo...

Chegando ao fim, podemos então começar outra vez. Era uma vez... Um belo dia...

Qualidade educacional significa, em boa parte, qualidade existencial e profissional do professor. A docência tem de se tornar uma carreira promissora, e não uma carreira promissória... em que as promessas redundam em novas dívidas que nunca se pagam.

Uma carreira promissora supõe bons salários, e porque estes nem sempre são bons cresce o *déficit* de docentes, em particular nas áreas de ciências, estrategicamente importantes para o desenvolvimento do país. Quem acalenta ambições e possui condições de exercer uma vida profissional motivadora, ao ingressar no mercado de trabalho, evita a carreira docente, ou nela ingressa por um certo tempo, até conseguir algo melhor...

Na maioria dos casos, os professores ganham pouco – em média, 60% a menos do que outros profissionais com o mesmo nível de escolaridade – e por isso precisam trabalhar o dobro, trabalhar demais. Quem trabalha demais (nem é necessário fazer pesquisas e estatísticas) cedo ou tarde adoecerá. Professores esgotados cometem erros primários, pondo em risco a vida intelectual de seus alunos: um acidente de trabalho no campo educacional tem consequências fatais, embora, num primeiro momento, invisíveis.

Os professores, portanto, merecem receber um salário digno. Isso resolvido, ou encaminhado, a sociedade, num segundo momento, poderá esperar deles, esperar de nós (e cobrar mesmo) novas posturas, melhores resultados, sem esquecermos, contudo, que devemos todos contar com o papel da família no processo de aprendizagem de crianças e jovens. É crucial estabelecer o encontro entre família e escola, como também são determinantes as políticas sociais que protejam os alunos do assédio das drogas, oferecendo-lhes opções culturais, opções de lazer e, em futuro imediato, profissionalização, possibilidades reais de um primeiro emprego.

Uma carreira docente promissora supõe estudo. O professor preocupado em pagar a conta de energia elétrica atrasada não tem luz nem lucidez para ouvir uma conferência, para participar de um curso de especialização, para atualizar-se, concluir o mestrado, o doutorado, o pós-doutorado. Um professor deve frequentar congressos, simpósios, jornadas, como acontece na vida de um médico, de um cientista, de um executivo. O professor deve dispor de tempo para ler, pensar e escrever. Deve dispor de tempo para visitar museus, ir ao teatro, ao cinema, conhecer o Brasil e o mundo.

O professor, portanto, merece receber um digno salário e estudar com prazer.

Uma carreira docente promissora supõe desafios. O professor desvalorizado, desrespeitado dentro e fora da sala de aula, acabará se tornando um peso para si mesmo, para seus colegas, para seus eventuais empregadores e para a sociedade. O professor sem paixão profissional passa a sonhar com a aposentadoria... e transmite aos alunos, pelos olhos, pelos poros, como é triste dedicar-se ao magistério, como é triste morrer dando aulas.

Nós, professores, devemos ser desafiados. Nossa tarefa maior vai em duas direções pelo menos: contribuir para que todos os estudantes sejam bons cidadãos e bons trabalhadores e suscitar o maior número possível de intelectuais, artistas, cientistas e lideranças sociais e políticas, não apenas plutocratas, tecnocratas e burocratas.

Recebendo um digno salário, estudando com prazer, sentindo sua opção profissional concretamente valorizada, o professor nos ajudará a superar o tempo das promessas e chegar à realidade prometida. Cada professor se sentirá capaz de contribuir para aperfeiçoar uma educação brasileira, uma filosofia brasileira, uma ciência brasileira, uma historiografia brasileira, enfim, um humanismo brasileiro.

Porque ainda carregamos a sensação dos colonizados. Trazemos ainda na alma a marca dos que estão sempre em desenvolvimento, sempre na metade do caminho, sempre progredindo a passos curtos. Ainda ficamos fascinados com os parâmetros que vêm de fora. Com as pesquisas realizadas nos Estados Unidos e na Europa. Os critérios baseados em experiências e sucessos estrangeiros nos parecem decisivos e inquestionáveis. Sendo nossa visão de mundo colonizada (digo nossa, também dos professores), não é de surpreender que nos sintamos diminuídos quando percebemos sobre nós os olhos dos avaliadores externos.

Complexados, estamos sempre correndo "atrás do prejuízo", triste objetivo este (o prejuízo) que nos restou perseguir, frase associada a outra, bem própria dos subalternos, "desculpe qualquer coisa!", proferida antes que o açoite nos atinja.

O valor do professor está em aprender a educar à brasileira. Há, nesse sentido, um livro decisivo para nossa autocompreensão: *Crítica da razão tupiniquim,* do catarinense Roberto Gomes, publicado em 1977. Jamais constou nem constará dos livros mais vendidos em listas mais ou menos forjadas. No entanto, certamente (já chegou à 12ª edição), terá mais vida do que vendas. E poderá tirar as vendas dos olhos e a trava da língua de todos, em particular, dos professores.

O livro trabalha a questão de uma filosofia genuinamente brasileira. Como pensar de modo brasileiro? Como educar, pergunta decorrente, de modo brasileiro? Pensemos na piada brasileira. Não a piada alienante. Ou a piada agressiva e zombeteira. Pensemos na piada que faz "cócegas no raciocínio", título de um livro de tiras e cartuns de um chargista adolescente, João Montanaro, que, embora muito jovem, já trabalha ombro a ombro com nomes importantes do humor jornalístico.

Aliás, só o fato de unir palavra tão séria, "razão", a adjetivo com uso tão pejorativo entre nós, "tupiniquim", já pode soar como piada e desprezar toda a tradição ocidental do pensamento. E não é bem assim. Trata-se apenas de encontrar nossos próprios atalhos. Nosso próprio jeito de fazer, escrever, ensinar, avaliar...

Uma educação tupiniquim estará atenta ao avesso das coisas. E saberá valorizar o que permite diálogo e encontro com a nossa própria realidade. Sem tanta preocupação em "assimilar" o que vem de fora. O que vem de fora será tratado com respeito. Com hospitalidade. Mas por que não virar do avesso o velho provérbio e afirmar que quem faz milagre, e milagre dos bons, é o santo de casa?

Estas palavras de Roberto Gomes podem estimular uma reflexão mais nossa, mais tupiniquim:

> Do ponto de vista de um pensar brasileiro, Noel Rosa tem mais a nos ensinar do que o senhor Immanuel Kant, uma vez que a Filosofia, como o samba, não se aprende no colégio.

E o que poderia a escola brasileira ensinar? Qual a contribuição da universidade brasileira? O que nós, professores tupiniquins, temos pensado e temos a dizer?

Em primeiro lugar, aprender a ser brasileiros. Muitos brasileiros no passado desejaram ser não brasileiros. Ainda hoje, entre nós, e entre os intelectuais de modo mais notório, aprova-se quem se apega a teóricos de fora. Quem vai estudar no exterior sempre volta mais sábio do que os pobres tupiniquins.

A razão tupiniquim não é xenófoba. Aliás, gosta muito de alimentar-se antropofagicamente de novos colonizadores. Nosso modo de educar deverá largar a mão da Mãe-Europa e do Tio-EUA. Andar com as próprias pernas e pensar por conta própria (e como poderíamos pensar por "conta alheia"?).

Educar à brasileira será tão legítimo quanto educar ao estilo coreano ou canadense ou finlandês, etc., contanto que cada estilo se realize dentro de suas circunstâncias concretas. A condição necessária para que haja bons resultados educacionais em qualquer país é que em cada país as pessoas se deem conta de suas peculiaridades.

Além de (re)aprender a ser brasileiros, precisamos (outra inspiração do livro de Roberto Gomes) inventar uma pedagogia que converse com o não pedagógico, com nossas referências, nossas imagens, saberes e valores: a música, a culinária, o futebol, a dança, nossa farmacopeia, nossas tradições, nossas cores, nossa roupa, a arquitetura, a rede (a de deitar, mas também nossa internet!), nossa tecnologia, nossa ciência, o jeitinho, nossas gírias, nossa literatura, nossa mídia...

Se não aceitarmos o desafio da originalidade, da autovalorização sem ilusões, estaremos condenados ao que Roberto Gomes chama de "globocolonização". Estaremos sempre na dependência da aprovação alheia. Na periferia envergonhada do mundo.

Mas, voltemos ao fim, porque estamos apenas no começo. Uma vez mais.

Cada um de nós está chamado a contar novas histórias.

Era uma vez...

Referências

ALMEIDA, Manuel Antônio de. *Memórias de um sargento de milícias*. 12. ed. São Paulo: Ática, 1983.

ANDRADE, Carlos Drummond. *Poesia completa*. Rio de Janeiro: Nova Aguilar, 2003.

ASSIS, Machado de. *Contos*. São Paulo: Paz e Terra, 1996.

BALLARD, J. G. *Corrida selvagem*. Tradução de Marcos Santarrita. Rio de Janeiro: J. Olympio, 2009.

BILAC, Olavo. *Obra reunida*. Organização de Alexei Bueno. Rio de Janeiro: Nova Aguilar, 1996.

BOÉCIO. *A consolação da filosofia*. Tradução de Willian Li. São Paulo: Martins Fontes, 1998.

CASTELLO, Luis A.; MÁRSICO, Claudia T. *Oculto nas palavras: dicionário etimológico para ensinar e aprender*. Belo Horizonte: Autêntica, 2007.

CLAUDEL, Paul. *Art poétique*. Paris: Gallimard, 1984.

COELHO, Nelly Novaes. *Dicionário crítico da literatura infantil e juvenil brasileira*. 4. ed. São Paulo: Edusp, 1995.

FONSECA, Mariano José Pereira da. *Máximas, pensamentos e reflexões*. Disponível em: <http://www.ebooksbrasil.org/eLibris/marica.html>.

FREIRE, Marcelino. *Amar é crime*. São Paulo: Edith, 2010.

HAVEL, Václav. *Poesia & teatro*. Tradução de Eva Batlickova. São Paulo: Annablume, 2010.

HEIDEGGER, Martin, *¿Qué significa pensar?*. 3. ed. Tradução de Haraldo Kahnemann. Buenos Aires: Nova, 1978.

KRAUS, Karl. *Aforismos*. Tradução de Renato Zwick. Porto Alegre: Arquipélago, 2010.

LEMINSKI, Paulo. *La vie em close*. 2. ed. São Paulo: Brasiliense, 1991.

LIPOVETSKY, Giles. *L'ère du vide: essais sur l'individualisme contemporain*. Paris: Gallimard, 1993.

MARCEL, Gabriel. *Positions et approches concrètes du mystère ontologique*. Paris: Vrin, 1949.

MARÍAS, Julián. *Antropologia metafísica*. Tradução de Diva Ribeiro de Toledo Piza. São Paulo: Duas Cidades, 1971.

MARÍAS, Julián. *Tratado de lo mejor: la moral y las formas de la vida*. Madrid: Alianza, 1995.

MOHANA, João. *Auto-análise para o êxito profissional*. 4. ed. São Paulo: Loyola, 1994.

PAES, José Paulo. *A revolta das palavras*. São Paulo: Companhia das Letrinhas, 1999.

PERISSÉ, Gabriel. *A escola puxada e outras histórias*. São Paulo: Factash, 2011.

PERISSÉ, Gabriel. *Introdução à filosofia da educação*. Belo Horizonte: Autêntica, 2008.

QUINTANA, Mario. *Poesia completa*. Rio de Janeiro: Nova Aguilar, 2005.

RUBIÃO, Murilo. *Obra completa*. São Paulo: Companhia das Letras, 2010.

SAYÃO, Rosely. *Folha de S. Paulo*, São Paulo, 30 nov. 2007

SAINT-EXUPÉRY, Antoine de. *Lettre à un otage*. Paris: Gallimard, 1944.

SANT'ANNA, Affonso Romano de. *Poesia reunida 1965-1999*. v. 2. Porto Alegre: L&PM, 2004.

SILVA, Ezequiel Theodoro da. *Magistério e mediocridade*. 5. ed. São Paulo: Cortez, 2001.

VEIGA, José J. *O professor Burrim e as quatro calamidades*. São Paulo: Global, 2008.

VIEIRA, Padre Antônio. *Sermões*. Organização de Alcir Pécora. t. 1. 3. reimp. São Paulo: Hedra, 2000.

WILDE, Oscar. *The Soul of Man and Prison Writings*. Oxford; New York: Oxford University Press, 1990.

Este livro foi composto com tipografia Minion
e impresso em papel Off set 75 g na Gráfica Edelbra.